過去から永遠へ

―ワンゲリン自伝―

ウォルター・ワンゲリン［著］
内山　薫［訳］

いのちのことば社

Everlasting is the Past

The book was originally published by Rabbit Room Press,
Nashville, TN 2015

日本の読者のみなさまへ

私たちは海によって隔てられてはいますが、信仰による兄弟姉妹です。
この本に述べた思いは、海のように互いを隔てるものではありません。
私たちは愛といのちとを共有しているのです。
私自身の体験が、これを読んでくださるお一人お一人の体験となりますように。

愛をこめて

二〇二〇年　春

ウォルター・ワンゲリン

目次

I　第七の封印

第1章

夜十一時。吹雪の中を一人の青年が州を結ぶハイウェイ六四号線を東に車を走らせている。ミズーリ州セントルイスとオハイオ州オックスフォードのちょうど中間あたりだ。十一月下旬なので、吹雪になるとは思っていなかったのだ。

青年はマイアミ大学の大学院に通う修士一年目の学生で、学費は全額免除されていた。吹雪が彼をおびえさせる。

彼の車は黄色のフォルクスワーゲンのビートルでほろつきのオープンカーだ。あまりのスピードにほろが波打っている。寒さで足の先まで凍えきっている。柔らかな雪は車の中にまですべりこみ床板に置いた足の上にとどまっている。

なにより恐ろしいのは、丸く大きな雪片だ。それは遠くを照らすヘッドライトの光にはゆるやかに落下するカーテンのように見える。しかし近づけば、視界を遮る雪片となってフロントガラスに水平に吹きつけ、ミサイルのように炸裂するのだ。

この一斉射撃は、悪意に満ちた世界がしかける個人に対する攻撃だ。

この日までは、大空も、大地も、太陽も、月も、雲も、すべての被造物は、彼がそこに住んでいる世界そのものだった。神の息吹がその世界に息づいていた。その世界をつくったのは神の愛だった。

　しかし今や、少なくともこの青年にとって、神は不在なのだ。

　黙示録第八章にある第七の封印が解かれ、いま天には果てしない沈黙があり、地では風がうなりをあげている。この激しい雪の攻撃、その前に青年はおびえている。このことは、彼が信仰を見失ってしまったことを証ししている。


　三日前、青年は、セントルイスにあるコンコーディア神学校に到着した。彼がここを訪れたのは、旧友との交わりのみならず、信仰の確信を求めてのことだった。自分のたましいから信仰が、あたかも袋の裂け目からさらさら落ちる砂のように、流れ出ていくような恐怖を感じていたから。

　訪れたのは、高校からカレッジまで、彼自身が所属していたクラスだった。そこは、聖職者を目指す青少年のための全寮制の男子校だった。彼は一四歳から一九歳までの六年間という長い時間を学友たちとともに信頼と仲間意識を育みながら過ごしたのだ。しかし半年前にここを卒業した後、彼は、他の友人たちとは異なり、コンコーディア神学校へは進学せず、オハイオ州オックスフォードにあるマイアミ大学への道を選んだ。

　そういうわけで彼は、もしかするとそこで慰めと確信を見いだせるかもしれないと考え、信仰あつい仲間たちのいる古巣にやって来たのだ。しかし旧友たちはそれぞれ自分たちのことに忙しかった。だれもが彼が戻っていることに気づいて、楽しげに挨拶してくれた。が、すぐにそれぞれの方向に去って行ってしまった。ランディー・グラウアは新しい彼女と付き合っていた。ロジャー・シュトゥンケルは前の恋人と別れ、今は新しい彼女を募集中だった。袂を分かってから半年の間に、元のクラスメイトたちは変わってしまった。あるいは、変わったのは彼自身のほうだった。今や彼と友人たちは別の世界に生きていた。

神学校訪問中、彼は礼拝に参列した。その朝の説教は、一〇〇年も前に世を去った教会の主要人物についてだった。そのため、教会は囲いの内側に閉じこもっているかのようであった。彼はただその扉を外側から叩いているにすぎなかった。

今はただ一人車を走らせ、オックスフォードへの帰途についている。激しい吹雪が彼を嘲笑っている。

彼は、創造主が天のどこかにまだ存在することを疑ってはいないが、はるか昔に人々を見捨て、人々のたくらみをそのまま放置しているのではないかと疑っている。

その青年こそ、私である。

大学院に進学するまでに私が受けた教育は、すべてルター派の牧師になるためのものだった。

そのころ、私は、学校は型のようなものであり、その容れ物自体が私の信仰を形づくり、無意識のうちに信仰の裏づけを与えているものであることに次第に気づき始めていた。ゼリー型は、ゼリーを形づくる。しかしゼリーそのものではない。礼拝の儀式や教育課程、学校の歴史――そう、それらは私の精神の鋳型であり、当時まだ私はその中に住んでいるだけだった。それらは、キリスト教信仰を本当に持っているのかという疑問を抱くことから私を遠ざけておく型だったのだ。

私たち少年は、週五回、毎朝の礼拝に出席していた。土曜日に礼拝はなかったが、日曜日には教会へ行き、そこで讃美歌を歌い、信仰の基礎についての説教を聞き、日曜学校で子どもたちに定められたルター派の教義を教えた。もちろん、自分たちが教わったとおりに。

礼拝堂の壁には、シンボルとラテン語で書かれたマルティン・ルターの言葉が描かれ、その信仰を宣言していた。“Sola Gratia”“Sola Fide”“Sola Scriptura”――「恵みのみ」「信仰のみ」「聖書のみ」と。

私たちは旧約聖書と新約聖書を勉強し、ドイツ語、ラテン語、ギリシア語を読んで話せるようになるよう学習した。教授たちはみな按手を受けた聖職者で、そのほとんどが牧会経験を持っていた。私たちは厳格なスケジュールに従い、消灯前の二時間を勉強に充て、ベッドに入るのを許されるのはそれからだった。少年たちが従順であるかを監督するため、舎監が任命された。私たちの日常はとても規則正しいものだった。

コンコーディアは男子校だった。私の部屋は、一八八一年に建てられた寮の三階にあった。ヴンダー・ホール（奇跡のホール、の意）と名づけられた建物の三一四号室で、三人のルームメイトたちと四つの机と二つの二段ベッドを分かち合っていた。もし規則違反（礼拝を欠席するなど）をすれば、一定期間、「罰として与えられる課題」(Strafarbeit) が命じられた。

青年や少年たちは廊下や運動場では騒々しかった。上級生は下級生に対して支配力があり、ベッドメイキングを命じたり、下級生をうつ伏せに上から押さえつけて床をずるずる引きずったり、楕円の競技コース周囲を徒競走するよう命じたりした――その敗者は板でぶたれるのだった。

各クラスにはラテン語の数字で名前がつけられていた。一年生のクラスは「セクスティエス」（Sexties＝六）、二年生は「クインタス」（Quintas＝五）、三年生は「テルトシオルノス」（Tertsionors＝三）、四年生は「クアルトネルス」（Quartoners＝四）、そしてカレッジの一年生は「セクスダス」（Secundas）、カレッジの二年生は「プリモネルス」（Primoners）といった具合に。

あるときプールの更衣室でこんなことがあった。二人の上級生が私のほうにやって来て、ある競技の判定をしてもらいたいと言う。一人目が私の肩をこづき、二人目も同じようにした。強打だ。そして尋ねた。「どちらが強く叩いたか？」もしもいずれかを選べば、他方がもう一度判定を要求するのだった。

ベニー・エイソンは穀物倉庫の屋根から飛び降りて熊手の上に着地した。その後、彼の尻の穴はだれの穴よりも大きくなった。

私のルームメイトの一人は、学校の規範にもこのような実態にも反抗し、自分のクローゼットの中でりんごジュースを発酵させていた。さらには、リステリンのボトルにウイスキーを詰めて学友たちに売っていた。彼はコンクリートブロックのモルタルを削って壁からブロックをはずし、その空洞の後ろにウイスキーのボトルを隠していた。舎監の一人がその企みをかぎつけると、気の毒なルームメイトはボトルをすべてスポーツバッグに詰め込み、寮の屋根にのぼって、できる限り遠くへ投げ捨てた。それは屋上のてすりに当たって砕けた。しかも結局はすべてばれて、即刻退学処分となった。

このような浮かれ騒ぎがはたして信仰に関わることだったのだろうか？　実際のところそうだったのだ――少なくともそのような形での。というのも、新入生に対するひどいしごきは学生たちに存在の偉大な連鎖〔神に至る階層的秩序の中にあること〕（Great Chain of Being）を認識させることになったから。それはまた教会を統治する階層制に対して下準備をさせることにもなった。また兄弟と兄弟を結びつけるだけでなく、過去に逝ってしまった代々の牧師たちと現在の自分たちをも結びつけて、親密な兄弟愛を確立した。

四代にわたるワンゲリン家の者たち、つまり私の父、祖父、曾祖父、そして高祖父も同じ神学校に通っていた。彼らはすべて牧師で、それぞれに自分の召しを確信していた。祖父は牧師としての一生をイリノイ州のある一教区内だけで過ごした。

そんな私に、ほかのどんな選択肢があっただろう？　私はこの先人たちが歩んだと同じ道をたどっていた。

生まれた時から私はこの信仰の中で形づくられてきた。

「人生の始まり」と題された育児日記の最初のページには、私の召しに対する父の期待が刻まれている。それは父自身が受けた召しであり、父が確信していたこと、つまり、私もまた聖職者になるであろうという期待であった。

その確信は、黒いブロック体の文字で次のように記されている。

この子のことを、私は祈ったのです。主は私がお願いしたとおり、私の願いをかなえてくださいました。それで私もまた、この子を主におゆだねいたします。この子は一生涯、主にゆだねられたものです。

そして、細心の注意を払って、「**サムエル記第一、一章二七―二八節**」と聖書の箇所を付け加えている。

最初の一年間、父ワンゲリン・シニアは、自分の育児計画に沿って聖書の言葉を書き続けた。

見よ　子どもたちは**主**の賜物
胎の実は報酬。
――詩篇一二七篇三節

生まれたばかりの乳飲み子のように、純粋な、霊の乳を慕い求めなさい。それによって成長し、救いを得るためです。
――ペテロの手紙第一、二章二節

私たちの主であり、救い主であるイエス・キリストの恵みと知識において成長しなさい。イエス・キリストに栄光が、今も永遠の日に至るまでもありますように。〔アーメン〕」

——ペテロの手紙第二、三章一八節

信じてバプテスマを受ける者は救われます。しかし、信じない者は罪に定められます。

——マルコの福音書一六章一六節

信じれば救われる。信じれば滅びることはない。

では、もし信じることをやめたとしたら？

私は、神学が建てた霊の家で育った。子どもは家の空気に疑問など持たない。ただそれを呼吸する。子どもは両親の宗教的雰囲気や信仰心に疑問を抱くことはない。ただその中にとどまっている。そうして子どもの宇宙が構成されるのだ。

私たち一族の家系はさらに一七五〇年プロイセンの「ワンゲリン村」に、そしてヨハン・フリードリッヒ・ワンゲリンという名の羊飼いにまでさかのぼることができる。ヨハンはとても信心深く、自分の主人の農園が焼失したときも、その羊一匹失うことがなかったと誇らしげに表明した。ワンゲリン家は代々敬虔なルター派のクリスチャンだった。

そんな環境の中で、キリスト教信仰を持たない自分をどうして考えてみることができただろう？　信仰は私にとって枠だった。私の父の家であり、私の家を牧師館たらしめるものだった。

主よ、私はいま眠りにつきます。
私のたましいを、主にお預けいたします。
目覚めるまえに、もしも命が終わるのなら
私のたましいは、主におささげいたします。

生と死について、両親は子どもたちとともにこのような祈りをささげた。何らかの罪によってけがされる日があると、母は子どもたちと一緒に（時には延々と）赦しを請う祈りをささげた。

救い主イエスよ、
今日おかしたすべての過ちを洗い清めてください。
あなたのように善良で柔和であれますよう
いつも私をお助けください。

私が一〇歳くらいのころから、父ウォルター・ワンゲリン・シニア牧師は、白襟のついた聖職者用の黒いシャツを着るようになった。それについて父は、これは警察官の制服のようなもので、知らない人々にも自分の職業を示すためだと語っていた。

父はキャメルの煙草をパイプの柄に入れて吸っていた。これについては、聖餐式で信者の舌にウェハウスをのせるとき、指が煙草くさくならないようにするためだ、と語っていた。また、細心の注意にもかかわらず指に臭いが残っていたとしても、嗅ぎつけられることのないよう、石鹸を引っ掻いて爪の中に入れていた。その煙草を突然やめたのは、父が三二歳の時だった。父は最後の二箱を冷蔵庫の中に入れ、一年後には、牧師館に住む下宿人にやってしまった。それはまだ新しい箱のままだった。

説教の時、父は力強い弁舌で信仰についてつまびらかに語り、キリスト教信条の壁を築いた。家族は、礼拝堂の最前列に座ってその説教を聞いた。

「ウォリー、君はお父さんにそっくりだね」と教会の人々は言ったものだ。

父ウォルター・シニアは広い額をしていた。その額の上に、髪が粋なループとなるよう櫛で梳かしつけていた。父はハンサムだった。若者のグループ（当時、ウォルター・リーグと呼ばれていた）を受け持ち、茶目っ気のあるピアノ演奏で彼らを楽しませた。またリーグの若者たちも活気にあふれた歌をうたった。ウォルター・シニア牧師は礼拝堂で演じる寸劇の脚本を書き、日曜学校のメンバーたちはその劇で様々な役を演じた。これらの劇は街の人々や農家の人たちが聞くラジオ向けのものとして何度も上演された。

ある時は、キリストの受難物語が演じられた。ユダを演じていた中学二年生のドン・アフェルトが一握りの銀貨を礼拝堂の石の向こうに投げ捨てると、私たち子どもは「彼を十字架につけろ、十字架につけろ！」と叫んだものだ。

日曜日の朝、礼拝と礼拝の間、父は首元から足先まである黒いボタンのついた黒のカソック〔司祭平服〕を着た。礼拝中は白のサープリス〔訳注＝聖職者がカソックの上に着る腰の下までの長さの白い綿の上着〕をはおり、首にストールをかけた。これらは父の牧師としての職務を飾る、ことさら壮麗な装飾品であり衣服だった。父は息子にも同じような装いを期待し、息子は、父親の式服をいつか自分も身に着けることになるだろうということ以外、自分の将来については何も考えなかった。

ノース・ダコタ州グランドフォークスにあるインマヌエル・ルーテル教会の礼拝堂は、アイボリーに塗られたレンガ造りだった。アーチ型の黒ずんだ梁がその天井を支えていた。礼拝堂の調度品は明るい色調で複雑な彫刻が施されていた。ステンドグラスの窓から注ぐ光が室内に青や緑や赤の水たまりをつくっていた。シャンデリアは、長く強い金属の鎖で梁から吊るされ、幼いウォリーが見上げると、それは天国の下でかすかに揺れていた。

ウォルター・ジュニアは、この主の家に住んでいた。

しかし、イエスを見失ってしまったと思う時がやってきた。

人々は呑気に無関心に、教会の活動を進めていた。苦悩する者などいなかった、幼い私以外には。みんなはきっとぼくがまだ知らないことを知っているんだ。神さまが聖なる神殿におられ、その世界の中ですべてはうまくいっているということを。そしてイエスさまがインマヌエル・ルーテル教会の中のどこを歩いておられるのかを。

しかし私は、教会で――あるいは教会の外でも、現実にイエスの姿を見たことなど一度もなかった。

それで、あらゆる場所に彼を捜し求めた。礼拝の間、私は椅子から床に降り会衆席の下をのぞいては母を困らせた。そこには二〇〇名もの会衆の脚があったが、イエスはおられなかった。

父が祭壇に向かい祈禱文を詠唱しているとき、礼拝堂に満ちるバリトンは父の声にしてはすばらしすぎるように思えた。詠唱しているのはイエスさまに違いない！　礼拝後、私は礼拝堂の階段にこっそり近づき、木製の祭壇の向こう側をのぞいてみた。祭壇は棺のような箱型で、後ろは空洞になっていた。そこには埃がたまっていた。古い讃美歌があったが、イエスはそこにもおられなかった。

私は主を待っていたのである。主は毛の長衣を身にまとい、その腰を紐で締めて、どこかをぶらぶら歩きまわっておられるに違いない。サンダルを履き、羊飼いの杖を持って。髪はウェーブして両肩に垂れている。見れば主であるとすぐに分かるはずだ。

会堂の中で一度も入ったことのない部屋が一つあった。ある日曜日、私はこっそり勇気を奮い起こし、トイレに行くと言って席をすべり降り、女性用トイレのある階下へと降りて行った。秘密の場所の、なんと聖なる、聖なる、聖なること。

心臓はジョン・ヘンリーがハンマーを打ったときのように激しく鼓動した〔訳注＝十九世紀アメリカの伝説的労働者ジョン・ヘンリーは、蒸気機関でたたくハンマーと競争した。ジョン・ヘンリーが勝利したが、心臓麻痺を起こし死亡した〕。そしてこわごわその扉を押してみた。

「イエスさま？　そこにおられますか？」

それから中に入ってみた。

そこには美しいカウンターがあり、奥の壁には大きな鏡が、前には椅子が一つ置かれていた。不思議な光景だった。が、そこにもイエスはおられなかった。ほかのだれも。イエスはトイレの中に隠れておられるに違いない。ゆっくりとトイレの扉を軽く押してみた。だれもいなかった。イエスも、そこに座ってはおられなかった。

私はがっかりして母のところに戻って来た。

信仰を失ってしまったということではない。私は信仰とは何か、ほとんど分かっていなかったのだから。しかし見捨てられたように感じていた。救われた者たちの甘美な交わりから追放された最も孤独な子どもだった。

信徒の交わり、聖餐式といえば——

父はいつもとは違った声で式を執り行った。「私たちの主イエス・キリストは苦しみを受ける前夜、パンを取り、感謝してこれを裂き、弟子たちに与えて言われた。『取って食べなさい……』」と。

まもなく人々は通路に列をつくり始めた。母も立ち上がり、そこに加わった。

私は、初対面の人でもあるかのように母を見つめた。母は低い横木の前のクッションにひざまずいた——そして私はおののいた。

母は強く、力持ちで、自分の意見をしっかり持つ女性だった。家の中を取り仕切るのは母だった。こんなことがあった。モンタナ州グレーシャー国立公園でキャンプをしていた時のことだ。大きな熊が森から出て来た。〝ハイイログマ〟だ。熊は後ろ足で立ち上がり、湿った黒い鼻をぴくぴくさせてそこらの臭いをかいでいた。それから四つ這いになると、足を引きずりながら私たちのいるテントに向かってやって来た。母は平鍋とスプーンを取り上げると、まるで自分自身熊ででもあるかのように相手の熊に向かって歩き出した。そして鍋を打ち鳴らし、「あっちへお行き！　早く！　ここはおまえの来る所じゃないよ！」と大声をあげたのだ。母は後ろへ引き下がるような人ではなかった。

しかも今、教会での母は、これまで見せたことのない行動をとっているかに見えた。その女性が聖餐式の列に加わってひざまずいている。そのうえ、つつましく父から聖餐のパンを受けている。父はウェハウスをただ手渡すのではなく、直接母の舌の上に置いたのだ！　次に聖杯のふちを母の唇につけて傾け、母はそれを飲んだのだ。

母は子どものように従順にうつむいて席に戻って来た。そして同様の態度で私の横に腰をおろした——頭を垂れ、目を閉じ、指を組み、鼻で息をして。

その息には神秘のにおいがあった。

「ママ、それはなに？」

「しっ！」

「だからさ、口の中にあるのはなぁに？」

「ぶどう酒よ。」

「そうじゃなくて、ママの中にあるものだよ？」

「あぁ」と母は言った。「イエスさまよ。」

長衣もなく、腰紐もなく、サンダルもはいていない。しかしキリストの霊として。イエスさまは初めからずっと母の中に隠れておられたのだ。私にはまったく理解できない不思議なことだ。しかし母はそうだと言う。そうに違いない。

◇　◇　◇

私が一〇歳の時、父は、カナダのアルバータ州エドモントンにあるルター派のコンコーディア短期大学に学長として招かれ、その召しを受け入れた。

父は私に、このような召しは聖霊から来るのだと言っていた。

この短期大学は、私が四年後に住むことになる大学を思わせた。明らかに信仰の型がいたるところにあった。そして私はクリスチャンとしての義務を果たした。

私は、神がこの世界を六日間で創造し七日目に休まれたと、教師たちの前で明言することを強要されているように感じていた。

そして、ジミー・デモスに、聖人に向かって祈るべきではない、さもないと天国に入れないぞと言っていたものだ。

ある年齢に達し、私は堅信礼を受けるための準備クラスに参加した。そこで多くの聖句を暗唱した。今でも、生涯の聖句として自ら選んだ箇所を諳(そら)んじることができる。


求めなさい。そうすれば与えられます。

探しなさい。そうすれば見出します。

たたきなさい。そうすれば開かれます。(マタイ七・七)

堅信礼準備クラスには、グレッグと私の少年二人、そしてオランダ人の姉妹の四人がいた。この姉妹は、聖句の暗唱や私よりもグレッグに関心を持っていた。私は、母からのプレッシャー、そしてワンゲリン校長の長男として見られるプレッシャーのもとで懸命に勉強した。聖句だけでなく、十戒をマルティン・ルターの解釈と併せて暗記した。

第一戒
あなたには、わたし以外に、ほかの神があってはならない。
これはどういう意味か？
他のなにものよりもまず神を畏れ、愛し、信頼すべきということである。

第二戒
あなたは、あなたの神、主の名をみだりに口にしてはならない。
これはどういう意味か？
神を畏れ愛するとは、神の名によって、のろったり、誓ったり、魔術を使ったり、嘘をついたり、欺いたりしないことである。そうではなく、いかなる困難の中にあっても神を呼び求め、祈り、賛美し、感謝をささげることである。

第三戒
安息日を覚えて、これを聖なるものとせよ。
これはどういう意味か？

神を畏れ愛するとは、説教や神の言葉を侮らず、それを聖なるものとして、喜んで聞き、それに学ぶことである。

——とこんな具合である。

堅信礼の日、私たちはまず全会衆の前で試験を受けた。ほかの三人は努力不足で暗唱もおぼつかなかったが、私はすべてを完璧に諳んじた。

教会に正式に受け入れられたお祝いとして、おばは私にとって初めての聖書をプレゼントしてくれた。それは、主キリストの言葉を赤で印字した金の縁どりの聖書だった。

これは私自身の、本当の信仰だったろうか？ 全能の父なる神への畏れ、愛、信頼は、本当に私自身のものだったろうか？ 必ずしもそうではなかった。それは確かに信仰ではあった。が、語るべき言葉のための、言葉だけの信仰だった。生命のないものだった。私は教会の戒律と信条について学んだ。星々の存在を信じるように、それが真実だと信じていた。しかしこの信条にこだわっていたのではない。むしろ、バッジをつけるように身に着けていた。父の息子として、父の夢を満たすための道を歩んでいた。

しかし、もしこのとき私に信仰があるのかと問われたなら、晴れやかに答えただろう。「信仰を持っている」と。

私は新聞配達をしていたが、その配達区域は町はずれにまで及んでいた。このはるか北の国〔カナダ・アルバータ州エドモントン〕では、午後三時前には暗闇が訪れる。雪が降ると私は配達ルートのはずれに立ち、雪の積もった広いトラック駐車場を見つめたものだ。その光景はぼんやりとして、空虚で、とてももの悲しかった。まるで宇宙が沈黙しているかのようだった。予兆。おそらく私の感じた空虚感は、神不在の感覚の予兆だったのだ。

◇　◇　◇

そうしてついに、あのオハイオ州オックスフォードの雪の日、すべての信仰の装飾品や外形が、私のたましいを形づくる型としてもはや機能しなくなったとき、私は、自分の信仰が自分にとって真実でないことを悟ったのだ。信仰とはだれかが何かについて語ることを信じることではない。私個人が何に信頼しているのかということなのだ。そういう意味で信仰が自分にとって真実ではないということを悟ったのである。

どうしても埋めることも逃れることもできない二つの型の孤独がある、とパウル・ティリッヒは『永遠の今』(*The Eternal Now*)の中で述べている。

……それは罪(guilt)の孤独と死の孤独です。自分の真の存在に対して犯した罪からは、誰ひとり逃れることはできません。私たちはかくれた罪も、明らかな罪も、ほかならぬ自分が犯したものであると知っています。自分のなしたことの責任を、人に負わせることはできません。自分の罪をのがれたり、正直にそれをおおい隠すこともできません。私たちはただひとりで罪を背負うのです。これこそ、ほかのあらゆるかたちの孤独に浸透し、それらを裁きの経験へと変えていく孤独なのです。(茂洋訳、新教出版社、一四—一五頁)

私は、オックスフォードのメインストリートに面したワンルームの住居に住み始めた。小さなバスルームとそれよりさらに小さなキッチンがついていた。私は、気持ちを落ち着かせ、ひどいホームシックを和らげるためにポートワインを飲み、パイプを吸った。

父が使っていた軍用の折り畳み式の古いベッドで眠り、やはり父のものであったアンティークのオーク材の机で勉強し、一九二〇年ものと思われるアンダーウッド社のタイプライターでタイプした。それもまた父のものだった。そして安物のレコードプレーヤーで音楽を聴いた（ブラームスの交響曲第二番が私のお気に入りだった）。もちろん、自炊だった。

マイアミ大学はゆったりした古いキャンパスだった。

寝る前に通りを歩くと、ランプが弱々しい光を落とし、古い時代の雰囲気を歩道に添えていた。秋には乾いた枯葉が風に舞って、背後に子どもがいるような音をたてた。聖公会の教会の裏手に石のベンチがあり、私はよくそこに腰掛けたものだ。勉学を離れると、心は悲しみに向いた。

私は一日に一篇の詩を書こうと心に決めていた。そのころ、私は影響力のある詩人になりたいと願っていた。


　すべて疲れた人、重荷を負っている人はわたしのもとに来なさい。

　わたしがあなたがたを休ませてあげます。（マタイ一一・二八）

オックスフォードから約二六キロ南東のオハイオ州ハミルトンにルター派の教会があっ

た。九月にはその教会の礼拝に参列したが、些細な理由から行くのをやめてしまった。讃美歌を斉唱するとき、首の太い男性が一人とびぬけて大きな声で歌うためだった。私には彼が自分の声をひけらかしているように思え、いらだった。また牧師は、私を日曜日のディナーに招いてくれたが、牧会よりもステレオシステム（彼が自分で組み立てたのだと言っていた）に興味があるらしかった。

大学で最初に受けた授業は、「シェークスピア悲劇」、「古典英語」、「研究法」――そしてある教授の「ゼミ」だったが、私は会うなりこの教授を嫌いになった。

彼は教室にある長テーブルの周りをゆっくりと歩き、不快な言葉で学生たちの感情を害した。彼は頻繁に「しなびた男根」や、恥知らずにも「ひからびた女性性器」（それは彼が実際に使った言葉だった）に言及した。

私は自分の気持ちを示すために、学部長であるスピロ・ピーターソンのところに行き、別のクラスに変えてもらいたいと申し出た。

ピーターソン博士は私の申し出を承諾してくれた。

そのクラスを離れてからある日のこと、私は若い女性と雑談しているところをその教授に見とがめられたことがあった。教授は機嫌の悪い犬のように近づいて来て言った。「私のうわさをしているな、そうだろう？」

私は、秋が終わらないうちにケンタッキーにある州立公園まで車をとばすことにした。

その地をひたすら歩いて存分に孤独にひたり、甘美な苦しみを味わうつもりだった。

朝、自作の新しい詩を読むたびに、それがとてもばかげていて大げさなことに失望した。そして感謝祭がくるころには、詩人になる夢はかないそうにないと疑い始めた。どの詩も失敗作ばかりだった。

私は22口径のピストルを購入し、たびたび射撃練習場を訪れて正確に撃てるよう練習に励んだ。これに関しては上達をみた。空き缶を宙に放り上げ、それが地面に落ちる前に撃つことができるようになった。

大学院に入学してすぐのころ、私は他の学生ほど良い成績は取れないだろうと思い込んでいた。私は在校生が二〇〇名にも満たないカレッジ出身であるのに対し、他の学生たちは大きな州立大学から来た者たちばかりだった。しかしコンコーディアは、素晴らしい教育で私の素地を作ってくれていた。古典の教授は、テスト返却の際、含み笑いをして、語形変化、活用、語彙など全問正解だったのはワンゲリン一人だけだったと告げた。ドイツ語が助けになったのだ。そして二年間、A以下の成績をとることはなかった。私は学業に慰めを見いだした。成績をあげることのできる場所ならどこでも気持ちが楽になった。

クラスメイトの一人で、いつもマリファナを吸っているテキサス出身の学生がいた。彼は私にもマリファナを勧めたが、私はやらなかった。彼よりも道徳的だったからではなく、マリファナの作用を恐れたからだ。

私たちのクラスに年上の女性がいた。マイアミに来る前に離婚したばかりの女性だった。マリファナを吸う友人は彼女のところへ行き、その性的欲求を満たしてあげようと申し出た。

彼女はその申し出を断った。私はそれが彼女の道徳心のためだと思っていたが、そうではなかった。彼女はその若者の気持ちをありがたく感じたと私に語った。

こういう世界は私が育ったのとは別世界だった。

他方で、テキサス出身の友人は夜分たびたび私の部屋を訪れた。彼はいつもゆううつな気分になっていて、私の宗教性に何らかの癒しを見いだしたいと願っていた。私はでき得る限りの説明を尽くしたが、役には立たなかった。——おそらく、自分が説く解決策に深い確信がなかったから。

まもなく彼は、オックスフォード郊外で兄弟と暮らすある女性と良い仲になった。ある日の午後、彼らは車体に花を描いたジープに乗って私を追い抜いて行った。友人は私のほうを指さし、何か女性の耳もとで言うと、彼らは一緒に笑って頭をのけぞらせた——。そのときの私は、汚い言葉づかいのあの教授と同じだった。「二人はぼくのことをうわさしている！」

私のアパートの前に、上方部の幹が折れた高い木があった。暴風で曲がり折れてしまったのに違いなかった。というのも、折れた幹の先がひどくねじれていたからだ。それは深い嘆きに見えた。変わり果てたその姿は私を悲しい気持ちにさせた。

正しい者だけが主の家に入ることができる。

悲しみは真夜中の散歩にもついてまわった。
それは、セントルイスへ車で向かう数週間前、私がキリスト教信仰を見失ってしまったと感じていたころだった。
シェークスピアは伝統的な宗教観を前提として彼の悲劇を書いた。デンマーク王クラウディウスは自らの罪の意識に苦しみ、赦しを求めてこう祈る。

ひたすら悔い改めれば――そうすれば、なんとかなる。
しかし、なんとかなると言って、何が？　どだい悔い改められぬ定めならば。
ああ、なんと惨めな身の上か！　ああ、死のように暗いわが心！
ああ、黐にかかった鳥同然のわが心、
逃れようとあがけばあがくほど動きがとれなくなる！　助けたまえ、天使よ！
えい、やってみるんだ。曲がれ、頑なな膝よ。
筋金入りのこわばった心臓よ、生れたての赤子の肉のように柔らかくなれ――

ことによったら、望みなきにしもあらずか。(『ハムレット』野島秀勝訳、岩波書店、一八九頁)

そして王は身をかがめ、沈黙の祈りをする。
ハムレットが入って来る。彼はクラウディウスが自分のたましいを浄(きよ)めているのだと信じている。ハムレットは天国と告解の祈りを確信している。

奴が魂を浄(きよ)め、あの世への旅の支度が
万端ととのっている今、この時、殺したところで?
ならぬ、断じて。
剣よ、そこにじっとして、もっと恐しい機会が到来するのを待つのだ。(一九一頁)

ハムレットの祈りは、王の殺害を意味している。ハムレット(シェークスピア?)は祈りと悔い改めの有効性を確信している。なぜ私はそうではない?
クラウディウス王も告解に失敗している。

言葉は空(くう)に舞っても、思いは下にとどまるばかり。

心のこもらぬ言葉が天に届く気づかいもない。（一九二頁）

私はクラウディウス王よりもひどかった、なぜなら率直に祈ることも、信頼して祈ることも、祈るということ自体すっかりできなくなっていたのだから。

そのことは私を怯えさせた。それで、三つの教理問答的な質問を自分に投げかけ、自分の信仰を証明しようと試みた。

聖公会の教会の裏にある石のベンチに向かって歩きながら、私は自問した。

「おまえは、キリストがこの地上に存在したことを信じるか？」

「信じる」と私は答えた。

「イエスが十字架上で死んだことを信じるか？」

「信じる」

「イエスがよみがえったことを信じるか？」

これは難しい質問だった。答えるまでに時間が必要だった。それから歴史的事実に逆らって答えるために、歯をくいしばり、自分の気持ちを押し殺して、「信じる」と言った。

そしてアパートに歩いて戻った――表面上は満足して。

表面上は、というのは、その告白よりも疑いの気持ちのほうが強かったからだ。疑いは吼えたける獅子であり、信仰は羊だった。

セントルイスからオックスフォードに向かう間で遭遇した吹雪の後、私は真っ正直に自らを問いただし、自分のたましいが本当に信じているものの原則を見いだした。

私が罪人であること。それは明白だった。なぜなら私は絶え間ない罪の意識に苦しんでいたから。しかし、その罪は人間に対してであって、隠れた神に対してではなかった。そのことはよく分かっていた、なぜなら、神に赦しを請うことは簡単で抽象的だったから。たとえ神の中に赦しがあったとしても、それを証明するものは私にはなかった。他方、自分が罪を犯した相手の人間に近づくこと、そして自分の罪を告白することは、痛みを伴う屈辱的なことだった。もし相手の赦しを信じることができなかったとしたら、どうだろう？　罪の意識が和らげられることは決してない。しかし赦されれば、私は解放されるだろう。

自分が安らかでいるためには、一人の人間のほうが神よりもはるかに深い意味を持っていた。

繰り返すが、私は神がいないと思っていたのではない。神は存在した。しかし神について考えれば考えるほど、以下のような結論に近づいていくのだった。

もし神が無限であるなら、そのようにしか存在し得ないのであり、有限な私がその無限を把握する術（すべ）もない。無限性は、全宇宙の限界を証明する。そしてその宇宙の中で銀河は小さな渦であり、私はごく微小な塵にすぎない。

またこうも考えてみた。神はどこか高い天上のベッドで眠っておられるのだ、と。神が寝返りをうたれる。広げた腕がどすんと落ち、私は打たれて呆然となる。しかし神は、自分のなさったことにまったく気づいておられないのだ、と。

神は夢を見ておられ、その夢は実在する。私も夢を見ることができる。希望することもできる。たとえば、偉大な詩人になることを。しかし私の夢は抽象的なものだ。実現されるとは限らない。実現すると確証するものは何もない。ただ自分の成功を想像してみるだけだ。私は希望を抱くことができる。しかし私は実際には成功していないし、希望は幻想にすぎない。

私が夜な夜な詩作に苦労するさまを見てみるがいい――その苦労が朝までに失敗に終わるさまを。神は失敗などというものは何もご存じない。だとすれば、神はどうやって私の惨めさを理解することができるだろう？

道徳性は神よりも、むしろ人間の特性なのだ。

これらすべてのことは私に、神に対する怒りを抱かせた。

私が神に失望しているという事実のほか、神についての確かな証拠はどこにあるだろう？

父は、カナダ・エドモントンにあるコンコーディア短期大学で学長の任に就いていたが、在任期間中、短期大学の教員や理事たちから不愉快な扱いを受け、そのことからついに立ち直ることができなかった。

父は、あからさまに示される不満と怒りを相手にしていた。ウォルター・ワンゲリン・シニアが就任する前、学長は教員の中から選ばれるものと思われていた。その嫉妬の種が多くの人々の心に芽ばえたのだ。女性教員たちは母の陰口を言った。少なくとも母はそう確信していた。飛び交うスズメバチの群れに抵抗できないように、教員たちの中で母はなす術（すべ）がなかった。のけ者にされたと感じていた。私には、教員たちがなぜ両親を非難の的にしたのか、その理由は分からない。ただ私は彼らの残酷なたましいを目の当たりにした。

最終的に、父は辞職に追い込まれた。

父には夢があった。私が思うに、父は教団本部に地位を得たかったのだ。しかし短期大学を去った後、その夢は潰（つい）えてしまった。

最後にエドモントンを去った日のことを覚えている。車で共同墓地を通りかかったとき、父は突然車を路肩に停め、カメラを持って飛び降りた。そして素早く墓地の中へ入って行った。父は写真を撮っていた。何を撮ったのかは言わなかった。しかし後にシカゴに新しいオフィスを構えた折に、その写真が書棚に飾られていた。それは墓碑だった。そこには父を最も激しく攻撃した敵――父から学長の職を奪われた人――の名前が刻まれていた。

夢は無に帰してしまった。父は主なる神に祈りをささげたが、主なる神は、父の祈りにはこたえなかった、そして父は、その傷を死ぬまで持ち続けた。

晩年父は自分の敗北の物語を熱心に繰り返し語った。話がクライマックスになると、テーブルを叩くように私の脚を叩き、大声で不満を述べるのだった。

私はクリスマスに帰省した。

我が家のしきたりはもう何年も変わることがなかった。十二月二十三日には父がクリスマスツリーを買ってきた。ぎりぎりまでツリーを買わないのには二つ理由があった。

1　そのころにはツリーの値段が安くなっていた。

2　父いわく、クリスマス前のアドベントはクリスマスではない、当日の夜より前に祝うことはできないし、祝うべきでもない、ということだった。だから、教会でのページェントはクリスマスの後に行われた。

そして、二十三日には父自らがツリーを刈りそろえた（銀色のティンセルがまっすぐに垂れるよう、いつも一つずつ丁寧に吊り下げるのだった）が、子どもたちが部屋に忍び込んだり、のぞいたりして、計画をぶち壊さないよう、ツリーのある部屋の扉のドアノブを取り除いた。これが、そのころ、エドモントンを離れるまでの我が家のクリスマスの過ごし方だった。

息子や娘たちはパジャマを着て台所に一列に並んだ。そこで父は短い説教をし、ルーテル教会の讃美歌一三番『天よりくだりて』（*From Heaven Above to Earth I Come*）を歌いながら子どもたちを導いた。

あぁ親愛なるイエス、聖なる幼子、
あなたの寝床を柔らかく汚れないものといたします
私の心の中、そこはきっと
あなたのための静かな寝室

子どもたちが父親に付き従い不思議な扉を通り抜けると、ツリーのそばの床には母が座っていた。母のスカートは渦を巻くように床に広がっていた。部屋にある唯一の光はクリスマスツリーの光だけであった。様々に彩られた栄光の輝きが周囲の壁や母の顔を照らしていた。母の横にはそれぞれの子どもたちに一つずつ、合計七つのプレゼントが積まれていた。

しかしシカゴに居を構えて後、これらの儀式は捨ておかれてしまった。クリスマスはさらに退屈なものになった。

帰省した際、私は母にグリーンのグラス・セットをプレゼントした。が、それらが使われていた記憶はない。

また私は、兄弟たちのだれかが泣き出すのではと恐れた。高まった期待はあっけなく落胆に変わる。妹はからかわれて落ち着きを失っていた。二人の弟は学友たちからばかにされていた。そのうちの一人は勉強ができないため打ちひしがれていた。彼は字を読むことができなかった。しかも母も教師たちも「ディスレクシア（識字障がい）」という言葉を知らなかった。

父はほとんどの時間を自分のオフィスで過ごした。

母は幸せではなかった。

家に帰っても私は淋しかった。その孤独を抱えてオックスフォードに戻った。

私は、米国政府から奨学金「ナショナル・ディフェンス・フェローシップ」をもらっていたため、義務である学部生への授業指導を一学期目は免除されていた。

今や二学期目だった。自分の勉強のほか、一年生の二つのクラスで書き言葉の様々な構造について指導することになっていた。学生たちは、毎週、良い文章のお手本として有名な作家のエッセイを読み、それを真似て作文することが求められた。

最初のクラスで教えるにあたり、私は何ページかノートをとって準備した。そのノートを教卓に置き、その前から離れることは絶対になかった。

授業は一時間十五分だった。私はノートを見ながら猛烈な勢いで進めたので、授業は五十五分で終わってしまった。冬のような寒い日だったにもかかわらず、上着の脇の下は汗で薄黒くなっていた。準備していったこと以外、話すことは何一つなかった。

それで、私はクラスを解散し、学生たちを教室の外に追い出すと、走るようにして小さなカフェに行って何杯も何杯もコーヒーを飲んだ。

私は教師とは言えなかった。その時の学生の顔をどれ一つとして思い出すことができない。学生を見ようと目を上げることがなかったのだと思う。

私のワンルームのアパートは、かつてある家族が住んでいた家の二階だった。

廊下の向かい側には新婚のカップルが住んでいた。彼らは階段の一番上の踊り場で私に挨拶したものだ。時々はおしゃべりもした。彼らはリンドン・ベインズ・ジョンソン〔訳注＝米国第三六代大統領〕をひどく嫌っていた。私はこの大統領のことを、特に、彼が公民権法を可決させたことで好感を持っていた。しかしこの新婚カップルの攻撃に対して、ジョンソン大統領を弁護することはなかった。この二人にはあまり教育がなかった。私にはあった。にもかかわらず、このようなただの知り合いに対してさえ、彼らの感情を害することを恐れていた。

一月には極度のホームシックに襲われた。理由は自分でもわからなかった。

実家から得られるものはほとんど何もなかった。シカゴに車で行くときはいつも、広大なカリュメット穀倉地帯〔訳注＝シカゴの南東ミシガン湖湖岸に広がる地帯〕の光景にひどく心を揺さぶられた。その光景は帰省の際に私が目にする悲しみのシンボルだった。

私のホームシックは、あるいはカレッジや古くからの友人たちに対するものだったのかもしれない。しかし私の訪問はさんざんなものだった。おそらく私は過去を懐かしんでいたのだ。子ども時代を？　ノース・ダコタの大草原――エデンの一瞬のきらめきを？　否、それだけでは私が落ち込んでしまった暗い穴を十分に説明することはできない。私の子ども時代は、一三歳になる前に我が家を覆ったあの長い混乱に取って代わられてしまったのだ。

大学院を修了して何十年も経た今になってはじめて、当時の自分にはとても言えなかったことを言うことができる。私は世界の中でひとりぼっちの放浪者になっていたのだ、と。世界の縁（ふち）を歩いていたのだ、と。

弱った心では運命を持ちこたえられず、

引き裂かれた精神では助けをもたらすことができない……
だから、私は、しばしば悲惨な状態に陥り、
自分の祖国やいとしい血縁の者たちから遠く引き離され、
心の思いに足枷をしなければならなかった。
私は意気消沈して、うねる浪間を、冬の厳しさを、越えていった。
人々の集まる大広間を熱望しながら……
その苦しみを味わい知る者は、
愛すべき庇護者のいない者にとって仲間が悲しみのもとであり、
そのことがいかに残酷であるかを知っている。
国を追われた者の道が彼と共にある。
胸の思いは凍てつき、この地上に喜びはない。
悲しみと眠りとがこの惨めな住人を地上に長く縛りつけている。
(Mind, Heart, Spirit in the Wanderer より。Line 15)

第5章

カナダから再びアメリカに戻ったとき、私たちはオレゴン州のポートランドに一日、二日足を止めた。私は七人兄弟の第一子として、ポートランド郊外のヴァンポートという街で午後七時に誕生した。今、私は父と高台に立ってヴァンポートを見下ろしている。当時父は教会の信徒たちに、もしも息子が洗礼式で力強い泣き声をあげたら必ずや説教者になるだろうと語っていた。

洗礼式の後、長老たちは悲しそうな顔つきで父のそばにやって来た。

父は彼らに尋ねた。「なにごとかね?」

彼らは言った。「赤ん坊は泣かなかった。」

ヴァンポートは道路が碁盤の目状に直角に交差する街で、海軍の造船所があった。教会には水兵たちが集っていた。

今、父と私は、かつてのヴァンポートを上からじっと見つめている。夏のことで、その光景は太陽の光でぎらぎらしていた。かつての家々はすべてなくなり、平坦な碁盤の目の模様だけが残っていた。その隙間には雑草が繁っていた。

世界は常に変化するものだ。人間が見捨てた場所には、自然が自らの世界を取り戻していた。何もかも失われていた。

その夏が終わる前に、母ヴァージニア・ストーク・ワンゲリンは、私に新しい下着を買い、衣類をアルミの箱に詰めてくれた。そして父とともに、シカゴから北へミルウォーキーまで車で私を送ってくれた。ミルウォーキーは私が一四の歳に入学したコンコーディアがあった場所だ。校則で、家に帰ることも電話することもできなかった。感謝祭の休暇でシカゴに向かい南へ旅する途中、私はトウモロコシ畑に残る雪を見た。妹や弟たちも私には失われたものだった。

私は偶然『罪と罰』と題された本と出合った。続いてドストエフスキーの『カラマーゾフの兄弟』を手にした。その次に読んだのはトマス・ウルフの『天使よ、故郷を見よ』という分厚い小説だったが、そこには、ワンゲリン家における私の居場所が次のように表現されていた。

おぉ、失われた者、風により深く悲しむ者、亡霊は再び戻ってくる。

また私はクリストファー・マーロウによる戯曲『フォースタス博士』（小田島雄志訳、白水社、『エリザベス朝演劇集1』所収）を読んだ。

ファウストがメフィストフェレスに
教えてくれ、あのルシファーとはいったい何者か、おまえの主人なのか？
メフィストフェレス
あらゆる霊の大いなる摂政役であり指揮官だ。
ファウスト
あのルシファーはかつて天使ではなかったか？
メフィストフェレス
そうだ、ファウスト、それも神にもっとも深く愛されていた。
ファウスト
ではいったいなぜ、いまでは悪霊たちの頭なのだ？
メフィストフェレス

あぁ、野心に燃える高慢さと横柄さのせいで。
それゆえ、神は天国から彼を追放されたのだ。

ファウスト
いったいどこに？

メフィストフェレス
地獄に。

ファウスト
ではどうやって、その地獄を脱したのだ？

メフィストフェレス
なにを脱する必要があろう、ここここそが地獄なのだ。

◇　◇　◇

大学院一年目の二月ごろは、私は地獄にいた。

誕生日の二月十三日は、なんの喜びもなくやって来て、過ぎて行った。

三月までにはほとんど生気を失っていた。

私は目覚まし時計を持っていなかったので、ラジオを目覚まし代わりにしようと思いついた。あるラジオ局は午前六時まで放送を休止していた。それで私は、その局にチューニングしラジオをそばに置いて寝た。パチパチという電子音の中で眠り、国歌『星条旗』を聞いて飛び起きた。

私が教える授業は八時開始だった。シャワーを浴び、髭をそり、講義ノートを見直すには十分時間があった。それからキャンパスまで歩き、一年生の学生たちが教室に入って来るのを確認した。

しかし、重くのしかかる絶望感に、私の憂うつはますます深まった。

絶望"De-spair"という語は、ラテン語の desperari に由来する。Sperari とは「希望する」という意味で、De は打ち消しを表す。つまり、希望を持てない状態ということだが、これは、明日が良い日であると信じられないことではない。明日をまったく信じられないことでもない。今日の悲惨な状態に身動きがとれなくなっていることだ。

『星条旗』で目が覚めないことが何度かあった。ニュースが始まるまで眠っていて、大急ぎで授業に向かうのだが遅刻し、罪悪感で自己嫌悪に陥った。

中世の人々は、ベッドに寝ている間、曲がったくちばしを持つ悪魔が自分の胸の上に座っていると信じていた。悪魔が彼らの顔をまじまじと見つめ、上から押さえつけて肺から息を奪ってしまうのだ、と。それらの悪魔は夢ではなかった。それは現実であり、動物の身体を持つメランコリーという名の生き物だった。悪魔は人々を恐怖に落とし入れた、死と地獄がすぐ背後にやってきていたから——明日の夜、明日の夜、と。

確実に起床するため、私はラジオを枕もと近くに置いて居心地の悪い床の上で眠ることにした。が、その策も私の無気力には勝てなかった。

断続的な睡眠しかとれず、ラジオが鳴る前に目が覚めた。が、ラジオ放送が始まっても私は起き上がらなかった。というよりも、起き上がることができなかった。

午前八時になり、さらに時間は過ぎて行った。

学生たちが席について私を待っていることは分かっていた。一人また一人と教室を出て部屋がからっぽになってしまうことも。

このことは、罪悪感をますます募らせることになった。この罪悪感もまた重い憂鬱の一つだった。罪悪感と失望とが一緒になってのしかかり、それを振り払うことができなかった。

私は讃美歌を歌うよう努めた。

いつくしみ深き　友なるイエスは

罪とが憂いを　とり去りたもう
こころの嘆きを　包まず述べて
などかは下(おろ)さぬ　負える重荷を　（讃美歌三一二）

しかしその努力も私をさらに惨めにするだけだった。

◇　◇　◇

ドストエフスキーの小説『カラマーゾフの兄弟』の中で、知恵ある長老ゾシマは言う。「長老、そして教師たちよ、地獄とは何か？」。だれに問うでもない形式的なこの問いに対し、彼自身が答える。

「わたしは《地獄とは何か》を考え、《これ以上愛せないという苦しみ》ととらえている。……愛したことのない自分が主のもとへと昇るとき、愛をないがしろにしてきた自分が、愛をおこなってきた人々と接することになるという、まさにそのことで苦しむのである。」（亀山郁夫訳、光文社古典新訳文庫、2、四六一—四六二頁）

「地獄の炎は物質的なものだといわれる。わたしには、この秘密をきわめるつもりはないし、それを恐れてもいる。だが、こうも考えるのだ。もしそれが物質的なものなのだとしたら、人々は心底から喜ぶだろう、なぜなら――わたしはそう期待するのだが――物質的な苦しみにまぎれて、たとえ一瞬でも、世にも恐ろしい精神的な苦しみが忘れ去られるからだ。」（同書、四六三頁）

ゾシマの考えは私のそれに近かった。

もしも私が神の善悪を否定して、それを自分自身の善悪の判断と置き換えたとしたら、どうだろうか。そのとき、私は神の主権とその支配をも拒絶することになる。

神は、あらゆる行為において私が神の法に従い、神に仕えることをよしとされる――神の善が私にとって良いことだ、と――。

私は、自分自身の法を確立して自分自身の欲望に仕えることが良いこと――自分にとっての良いこと――だと考える。言い換えれば、私は、自分自身の王国の王であり主でありたいと望んでいる。そしてその王国に二人分の部屋はなく、我々は別々の道を行かねばならない。

神はおっしゃるだろう。「いけない」と。実に私のために良くない、と（そして、それこそが神の愛なのだ）。「園の中央にある木の実については、『あなたがたは、それを食べてはならない。それに触れてもいけない。あなたがたが死ぬといけないからだ』」（創世三・三）。掟を作るのは神の権限だろう。しかし私にとって、神の掟は私の自由を制約するものであり、受け入れがたい。

私は宣言する。「私は自由でありたい！」と。

いつくしみ深い神は私の意志を拒もうとはなさらない。そして私は、自分が（この地上において）権限を握り、すべての者たちに対して王となる。

私は妻や子どもたちに命令し、彼らはそれに従わなくてはならない。自分より低い立場の者たちに対して威張りちらす。労働者たちを顎で使う。私は彼らの自由を制限する。が、私は、神が彼らを愛するようには彼らを愛しておらず、彼らに私に仕えることを強いる。

そして最後の審判の日がやって来る。

しかし私の望みを聞き入れたのは神であり、私の復活はまさに私自身の願望のうちに存するのだ。

つまり、こうだ。私はまだ自分の王国の王であり続けている。

しかし私を苦しめるのは、私自身、その王国の唯一の民であるということだ。

天国においては、神の子どもたちが喜ぶ永遠の愛を見ることができる。しかし利己的な愛が自分にとっての地獄であるということは、この天国の愛とは対照をなしている。私のあり方こそが私の地獄なのだ。私がそれを選び、その結果、永遠に見捨てられているのだ。

カナダ・エドモントンでは、ほとんどすべての学校にアイスホッケーのリンクが備えられており、コンコーディアにもリンクがあった。カナダでアイスホッケーといえば、アメリカでの野球のようなものだ。

春、氷がとけると、木造の塀で楕円形に囲まれたリンクは乾いた地面となった。それはアメリカン・フットボールにうってつけのフィールドだった。私たち近所の子どもたちがそこを占領した。

しかも靴下でプレイした。それで、私たちは、冬の寒さで地面から押し出された石を探してはリンクの外に放り出した。

その地区でおそらく私は最も下手なプレイヤーだった。そのうえ、私の投げ方ときては、仲間たちの言葉によれば、「女の子みたい」だった。

確かに、私は、自分の石をリンクの照明に向かって投げ上げても、いつも的をはずしていた。

ある日、私が柱の電球の一つに向かって大きな石を放り投げるのを父が見つけた。

「ウォリー！　やめなさい！」

「でも、ぼくの投げる物が命中することなんてないもの。」

◇　　◇　　◇

「それは六〇〇〇ワットの高価な電球なんだ。私が買えるような金額のものじゃないんだよ。困らせないでくれ！」

前に私は、父が白襟以外すべて黒づくめの聖職者の服装をしていると書いた。このころには父はコンコーディアの校長になっており、眉も長く伸びていた。父はその眉の両端をまるで飛んでいるカラスの羽のようにひねり上げていた。ワンゲリン博士の容貌はいかめしいとも言えるものだった。

しかし私は父の禁止命令にさして注意を払わなかった。なぜなら、命中したためしなどなかったのだから。

それであるとき、ずっしりと立派な石を取り上げると、腕を後ろに引いて放り投げた。すぐさま石が私の手を離れていくのを感じた。この一投は恐ろしく正確だった。石は電球の真下でカーブした。そして一番遠い所に達し、電球に触れ、ガラスの小さな破片と共に落下した。

私は呆然と立ち尽くした。周囲の者たちも同様だったが、彼らが見つめていたのは私だった。

私はみんなに言った。「だれにも言うなよ。」

それから弟のポールのところへ行き、脅すように命令した。「父さんに言うなよ。父さんにだけは絶対に！」

ポールは言わなかった。

しかし、夜になっておやすみのキスをするために父が寝室に入ってきたときの、そのキスは額の上に焼けるようだった。父はそれぞれの子どもたちに愛称をつけており、私のはア・ヴィーだった。寝室を離れる前に父が言った。「ゆっくりおやすみ、ア・ヴィー。」

胃が緊張した。私はもはや父のア・ヴィーではなかったが、父はそれを知らなかった。父がキスをしたのは息子ではなく、そのふりをした偽物だった。偽の少年の内側に隠れた息子は、とんでもないことをしたことに苦悶していた。

父が寝室の電気を消すと、私は寝具の下から本を引っ張り出し、懐中電灯でそれを読んだ。

私は二段ベッドの上で、ポールは下で寝ていた。

ポールは、私が懐中電灯を消すまで眠れないと文句を言った。文句はこれが初めてではなかったが、私は聞き入れなかった。今回の惨めな状況に私はぴりぴりしていた。

ポールが言った。「消してよ、ウォリー。」

「黙れ。」

「ウォリー、お願いだから!」

「寝ろよ。」

このころのポールは、緊張すると笑い出し、それを自分でどうすることもできなかった。

しかし私は彼の笑いをひどく嫌っていた、というのも、私をばかにして笑っていると思い込んでいたからだ。

ポールがしのび笑いを始めた。

「やめろ！」と私は言った。「笑うな！」

私が感情を爆発させたことが弟のクスクス笑いを誘発した。

「やめないと、殴るぞ。」

その脅しで弟は完全に自制心を失い、声をあげて笑い始めた。舌と歯の間から唾を飛ばしながら。

私はベッドの上段から下段に降りると、関節を鋭く曲げてげんこつをつくった。そして弟の肩の骨ばったところに殴りかかった。弟は笑うのをやめた。そしてボールのように身を丸めると泣き始めた。

彼は言った。「だれ一人好きになってくれる人がいなくても、お兄ちゃんは平気なんだ。」

それはげんこつの一撃よりも強烈だった。本当のことだった。

第6章

五月も終わりのころには、食事も勉強も私の支えとはならなくなっていた。詩を書くことは苦悩のうちに随分前にできなくなっていた。神は私を打ち負かし、私は微かな怒りの感情さえあおりたてることができなかった。これまでもそうだったし、これからもずっとそうなのだろう。

受講していた四つの授業では、学期末までにそれぞれレポートを提出しなければならなかった。生気を失ったたましいを少しでもかきたてることができなければ、レポートを書くことなどとてもできなかった。

カレッジでの最後の年――そのころはインディアナ州のフォートウェインにいた――、カレッジの神学教授とその家族が私に何かと親切にしてくれていた。教授の奥さんは私の詩をとても褒めてくれ、二人でスコッチを飲みながら夜遅くなるまで話し込んだものだ。子どもたちも私の訪問を喜んでくれた。

その友情を求めて、五月の最後の土曜日、私は北に向かい、車を急がせた。彼らとの友情の中で自分を浄化したい気持ちだった。彼らならおそらく私の悲しみを和らげ、単位取得のため最後まで走りきる力を与えてくれるに違いない。そうすれば、あとは学位取得論文を書くだけだし、論文を仕上げる時間は夏にとることができる。

しかし、訪れたとき、教授と奥さんは冷戦状態にあり、家の中は冷たかった。その土曜日の夜は寝返りばかり打って眠ることができなかった。そして翌朝、別れの挨拶もそこそこに私は教授宅を去って車を走らせた。

世界は花の盛りだった。小麦畑は柔らかな新芽の緑だった。街々では芝生が刈られ、茂みのバラは芽を吹いていた。アメリカハナズオウの木は森を夕暮れ色に変えていた。これら美しいものすべてが私を悲しませた。というのも、私が暗い奈落に生きているのに対し、自然はそれぞれ季節の変化に従っていたから。

ある考えが私に浮かんだ。夏の間に四つのレポートを書くため成績評価を保留にしてもらうことはできないだろうか。プレッシャーが和らげばきっと再起して勉強することもできるだろう。

喜びも希望もなかったが、震えだけは少しおさまったという状態で、私はオックスフォードにたどり着いた。部屋の掃除をすることで自ら多忙にし、思考を停止させて、月曜日の朝を待った。

そして、ピーターソン博士のオフィスのドアをノックした。博士は私を中に招き入れ、椅子をすすめてくれた。博士は秘書のいる部屋に通じる扉は締めなかった。

ピーターソン博士は、親切で公平な人物だった。背は低く肌はオリーブ色で、髪は真っ黒だった。大きな声を上げたことなどこれまでなかっただろう。そう、決して。それに博士が訪問者のために時間を割かなかったという記憶も私にはない。

彼は、私の要望は何かと尋ねた。

私は自分の問題を説明し、こう提案した。

「今取っている授業の成績を保留にしてもらえませんか？　しかも、奨学金をこのまま受けることはできますか？」

博士は静かに言った。「それはできない。成績を保留にすることはできる。秋に復学もできる。しかしその場合、学費は自分で支払うことになるよ。」

私は泣き出した。

ピーターソン博士は親切にも扉を閉めて私のすすり泣きが外に漏れないようにしてくれた。その行為に私は感謝した。しばらくして、すすり泣きもおさまってきた。

それで博士は言った。「いったいどうしたんだね？」

次に言った言葉には自分でも驚いた。予期せぬことを舌が語ったのだ。

私は言った。「神との問題なんです。」　ピーターソン博士は私が泣いている間も、共に座っていてくれた。その目には心からの同情が表れていた。

しかし否という答えに変わりはなかった。可能性の扉はすべて閉じられたのだ。私は地獄にずっととどまり続けなくてはならなかった。

◇　◇　◇

家にいた子どものころ、家で三日以上疎外感に苦しんだことはなかったと思う。ただ食事の時だけはとりわけ苦痛だった。年長の男の子はそれぞれ自分の皿を持っていた。私の皿はビートのような赤い色だった（というのもビートは私の好物なので）。ポールの皿は豆のような緑色だった。フィリップのは黄色、マイクのは青、もしくは黒だったと思う。父は食事の最後にデボーションの箇所を読んだ。そしてみんなでお祈りをした。それはポールと私が祖父ワンゲリンから教えてもらった次のような祈りだった。

主に感謝します。
主はいつも良くしてくださいますから。
またその憐れみは永遠に続きますから。

このような習慣は私たち家族の絆を強めた。
しかし、これらの習慣も私を疎外感から解放することはなかった。ウォリーはうそつきだった。

ついにそのことに耐えられなくなり、私は父のところへ行って自分の罪を告白する決心をした。

家から父のいるコンコーディア短期大学の学長室のある管理棟に行くには、木立を抜け、芝生を横切って行くことになる。その道を歩きながら、私は父から受ける叱責のことを考えて、落ち着かなかった。

私は建物の大きな扉を手前に引いて、中に入った。

父のオフィスは暗い廊下の先だった。扉の枠に父は小さなプレートを取り付けていたが、そこには（黒地に白い文字で）「W・ワンゲリン博士、学長」と書かれていた。

私はノックした。蝶がキックするようにそっと。

が、それで十分だった。

「お入り。」

私は中に入った。

父はだれかが面会のために入室して来たとき、自分の座る場所が常に机の向こう側になるよう、オフィスを配置していた。私は椅子に座るべきだったが、そうしなかった。机に向かって歩き、そこに腹を押し付けた。父は眉を上げ、私は話をした。

私は父に本当のことを告げると頭を垂れ、しかるべき罰を待った。言いつけに従わないとき私たちを叩くのは母だった。父が私たちを叩いたのは一度きりだった。そのとき、父はポールと私に自宅の父の書斎に行くよう命じた。父はすぐに部屋に入って来た。そしてズボンのベルト通しからベルトをさっと抜くと、それを折りたたんだ。よく覚えているが、それは、私たちがライト付きと呼んでいたベルトだった。実際についていたのはライトではなく、カットされた様々な色の小さな反射体つきのバックルだった。

さて、カレッジの父のオフィスで、私は六〇〇〇ワットの電球を壊してしまったこと、そしてこれまでついてきたすべての嘘を父に打ち明けた。それから黙り込み、頭を垂れた。以前のおしおきに続き、いま二度目の鞭がとんでくる、それは一度目よりもずっと強力に違いないと覚悟した。

父が立ち上がるのが聞こえた。皮張りの椅子が軋んだ。また、父が机を回ってこちら側にやって来るのが聞こえた。私はぎゅっと瞼を閉じていた。赤い細い線以外何も見えなかった。

ほかに何の音もしなかった。

やがて父は両腕をぐるりとまわして私を抱いた。あぁ、イエスさま、イエスさま、どんなにか大声をあげて私は泣いたことだろう。

父は元の場所に戻ると、こう言った。「そうだな、新しい電球の代金はお前が自分で支払わないといけないよ。」

◇　◇　◇

私はピーターソン博士のオフィスを出た。日の光の中に歩み出たが、完全に空白で、次になすべきことは何一つ思い浮かばなかった。ただひたすら歩き続けた。ハイ・ストリートはオックスフォードのメインストリートだった。それは町から広々した田園地帯へと続き、道も砂利道へと変わったが、私はなおも歩き続けた。何キロも歩いたのに違いない、気づくと囲いのある牧草地で羊の群れが草を食んでいた。牧草地の向こうには林があった。林の木々には葉が生い茂り、向こう側の景色を遮っていた。

突然、私は羊に対する激しい怒りに満たされた。びくびくした顔つきの愚かな動物！太って、主体性がなく、軽率で、弱く、従順な！

私は、群れ全体が怯えるまで、叫び声をあげながら羊に向かって走りたかった。そして羊たちがつまずき、転ぶのを見たかった――柔らかなウールの枕を！　その光景は心の弱さから私自身を解放するだろうに。

しかしその前に、ジョン・ディアー製のキャップを被った仕事着姿の農夫が葉の茂った林を抜けてやって来た。彼は喉でいななくような音をならした。

その音を聞くや羊たちはすぐさま向きを変えた。農夫も同じように向きを変えた。そして群れをなして木々の間を行ってしまい、私は再びひとり残された。

しかしその羊の光景は私のたましいを打ち砕いた。

私は言った。「羊になりたい。」

そう言うや否や、それが祈りであったことに気がついた。そう、良き羊飼いであるイエスへの祈りだということに。

「もうどうでもいい。私は守られ、導かれたい。私に代わりあなたに決定していただきたい。」

これより少し前、私は『タイム』誌の記事を読んでいた。その記事に、ある人が引用文を引いて次のように書いていた。「すべてのクリスチャンは羊である。」それは軽蔑を込めて書かれた言葉だった。しかし今の私にとってこの言葉は希望だった。私はすべてをゆだねることができた。そう、すべてを。そして再び荷が軽くなった。

ミルウォーキーのコンコーディアで最初の一か月を過ごしていたとき、父は私のホームシックを癒すため、ヨハネの福音書を読むことを勧めてくれていた。父が言うには、ヨハネの福音書は私に神の愛を教えるのに一番説得力があるだろうということだった。

月曜日、自分のワンルームのアパートに戻ったとき、その父の勧めを思い出した。

私はベッドに腹這いになって聖書を開き、ヨハネの福音書第九章の物語を読み始めた。

イエスは通りすがりに、生まれたときから目の見えない人をご覧になった。（ヨハネ九・一）

イエスは、地面に唾を吐いて泥を作り、それをその人の目に塗って癒された。

彼は、シロアムの池で目を洗うようにというイエスの命令に従ったとき、癒され、見えるようになった。

この奇跡が、彼の友人たちの間に賛美と喜びをもたらしたと考えるかもしれない。が、そうではなかった。周囲の人々は、彼が門のそばに座って物乞いをしていたあの同じ男であることを疑った。

「彼ではない」と。

しかし目の見えなかった男は「私がその人です」と事実を確証しようとした。彼は言った。「イエスという方が泥を作って、私の目に塗り、『シロアムの池に行って洗いなさい』と言われました。それで、行って洗うと、見えるようになりました。」

「その人はどこにいるのか？」と人々は尋ねた。

「知りません」と彼は答えた。

それから物語は、彼が徐々に変えられていく様を描いている。

彼はパリサイ人たちのもとへ送られ、そこで自分に起こった変化について説明するよう言われる。

彼は、人々に語ったのと同じことをただ繰り返す。

パリサイ人たちは言う。「イエスは神のもとから来たものではない。なぜなら安息日を守っていないから。」パリサイ人たちは、目の見えなかった男の話を信じようとはせず、真実の言葉を嘘だと申し渡すことで彼をおとしめる。

次にパリサイ人は彼の両親を法廷に連れ出すと、息子について真実を語るよう命じる。

しかし両親は指導者たちを恐れ、母親も父親も息子を擁護しようとはしない。両親はパリサイ人に言う。「息子がどのようにして癒されたのか私たちは知りません。またたれが癒したのかも知りません。彼はもう大人です。本人に尋ねてください。」

パリサイ人たちは、もしだれかがイエスをメシアだと告白したら、そのような者は会堂から追放することで合意していた。

そういうわけで、男は家族から拒絶される。自分のアイデンティティの最も重要な部分が切り取られる。

私こそ、その男だ。私も、自分自身の本質的な部分を、自分のアイデンティティさえも失ってしまったのだ。

指導者たちは、生まれつき目の見えなかった男を法廷に呼び戻した。

「神の前で正直に答えなさい」と指導者たちは言った。今日の私たちならこう言うだろう。「神の助けにより、本当のことを、まぎれもない真実を語ると誓いますか?」いずれも意味は全く同じだ。証人は宣誓のもとに置かれている。

パリサイ人たちは言う。「私たちはあの人が罪人であることを知っているのだ。」

しかし生まれつき目が見えなかった男は、どのような結果になるか頓着せず真実に固執する。そして答える。「あの方が罪人かどうか知りませんが、一つのことは知っています。私は盲目であったのに、今は見えるということです。」

真実は彼を困難の中に投げ入れる。が、逆説的ではあるが、その困難にもかかわらず、彼の精神は高揚する。事実、彼はまったく喜びに満たされている。古い自分というアイデンティティがなくなり、彼は自由になったのだ。

パリサイ人たちは彼に自分が癒された話を繰り返し語らせる。

彼は語る、そして尋ねる。「あなたがたも、あの方の弟子になりたいのですか？」ご覧のとおりだ。自由は彼に勇気を与える。皮肉にも再び。結果のいかんにかかわらず。

人々の指導者であるパリサイ人たちは、今や彼を罵る。「おまえがあの者の弟子だ。」見よ！　新たなアイデンティティだ！　それはパリサイ人によって意識せずに語られた言葉ではあるのだが。彼らは続ける。「神がモーセに語られたということを私たちは知っている。しかし、あの者については、どこから来たのか知らない。」

目の見えなかった男は恐れを知らない。彼の足取りはどんどん軽くなっていく。こうして彼の過去はことごとく剝ぎ取られていく。

聖書の中のこの物語を読みながら、私は自らを失い続けている自分自身のことに思いを巡らせた。しかもここでの結果はまったく違ったものだった。

生まれつき目の見えなかった男はパリサイ人たちに向かい答えて言う。「あの方がどこから来られたのか、あなたがたが知らないとは、実に不思議です！　あの方は私の目を開けてくださったのに。神は罪人の言うことはお聞きにならないと、私たちは知っています。しかし、神を敬い、神のみこころを行う者がいれば、その人の言うことはお聞きくださいます。あの方が神から出ておられるのでなかったら、何もできなかったはずです。」「おまえは罪の中に生まれた者だ」とパリサイ人たちは激怒した。「そのおまえが、この私たちを教えようというのか？」

そして彼のアイデンティティの最後の部分が引きはがされる。指導者たちは彼を追放する――会堂から、彼の属する社会から、今の今までこれが自分だと認識していたすべてのものから。

彼は何者でもない。しかし自由だ。

この物語を読み終えたとき、私は羊の群れがいるあの囲いのある牧草地に再び自らを見いだした。何者でもない私自身を。

しかしイエスは生まれつき目の見えなかったこの男と出会う（それはつまり、暗闇の中を生きてきた者に再び光が与えられることを意味している）。イエスは男の名を呼び、男はひれ伏してイエスを崇める。

ただこの行為によって、彼と神の子との間に関係が築かれる。キリストは、真新しい永遠のアイデンティティとして彼を立ち上がらせる。つまり彼は生まれ変わったのだ。

これこそ私が祈り求めてきたことだ。自由であること。羊飼いのもとにいる一匹の羊であること。自分のボロのすべてをキリストに明け渡すこと。

それから。その後の日々、私は自分がどうあるべきかについて考えた。実際、いかなる悪い結果も恐れずに、この問題について自由に考えることができた。

私はこのように考えた。

四つの授業の単位すべてを落とすという可能性もある。それは何を意味するだろうか。それは、以前私が考えていたような敗北者である必要はない、ということにすぎない。そうではなく、私がなろうと思う自分になるだけのことなのだ。大学院を山にたとえてみよう。私は川だ。川は山を流れて行くが、登ることはできない。この学生は修士の学位を目指して流れているが、それを修了できずにいる。この川（つまりこの学生）は山の周囲をただ流れているだけなのだ。そこにどんな失敗があるだろうか？　川は自然な形状をなして流れて行く。地図を描いてみよう、川がある、必然的にあるべきように。なに憚ることなく左へ曲がり、流れるべき方向に向かい、海へと流れ込むのだ。

同様に、もし私が修士という学位の山を登ることができないのであれば、それがこの先の私というものであり、私のあるべき姿なのだろう。古いアイデンティティは剝ぎ取られるだろう。しかし、もしも剝ぎ取られないとしたら、どうして新しくよみがえることができるだろう？　これまでとは違った行動をとることになるだろう、そして、それが私にとってベストなあり方なのだ。

私はそれぞれの授業で課せられた四つのレポートに着手した。そして不思議は起こった。

良い成績を取る必要はなかった。なぜなら、しようと思うことをするだけだったし、それゆえ恐れがなかったから。それに、レポートを書くことはちっとも苦痛ではなかった。私は一週間でレポートを仕上げて提出した。

成績は四つともAだった。

嬉しいことではあったが、すべて良い成績である必要はなかった。

私が自由を得たことの最良の証しとして、こんなことがあった。

最後の学期末テストは三名の教授による口頭試問だった。三名のうち一人は修士論文の論題を共に考えてくれた教授だった。二人目の教授のことは覚えていない。が、三人目は、男女の陰部のことを汚い言葉で語り、クラス全体に無礼な態度をとっていたあの男だった――この教授に対しては、彼のクラスに出ないことで私も軽蔑を示したものだ。

試験の中で彼はコールリッジの詩「フビライ・ハーン」について尋ねた。

私の答えは彼の気に入るものではなかった。軽く、ぞんざいすぎたのだ。

私は言った。「それは公園と川についてうたったものです。」

彼は腕を組んで冷淡に次の詩を引用した。

フビライ・ハーンは上都に
壮麗な快楽の館を建てるよう命じた

聖なる川アルフが
計り知れぬほど巨大な洞窟を流れ
日のあたらぬ海に流れこむ、こんな土地に。（インターネットより。訳者不明）

川、川。生まれつき目の見えなかったあの男のように、私は、自分のばかげた回答や彼の冷たい嘲りにもかかわらず、いたって陽気だった。なんという自由。

次の年、私は修士の学位を取得した。

Ⅱ　見張る者と聖なる者

第8章

サーンと私は一九六八年八月二十四日——聖バルトロマイの日——に結婚した。そして一九七〇年に私はインディアナ州南部のエバンスビル大学で教鞭をとり始めた。

マイアミ大学で教えていたように、一回生の学生に文法を教えた。また英語の歴史と道徳のコースも受け持った。

大学は、大きな石の建造物であるリディーマー・ルーテル教会からリンカーン通りをはさんで向かい側にあった。

私たちには息子が一人おり、もうすぐ二人目の息子を養子に迎えることになっていた。

私のオフィスは一群のプレパブ建造物の中にある窮屈な部屋で、学生のための椅子が一つと、古い木の机が一つ置かれていた。

そのころ、私はいくつかの短編と、長い戯曲、そして『風の要塞』(*Wind Ward*)という小説を執筆中だった。この小説は七つか八つの出版社に出版を断られていた。私はそれをハーパー・アンド・ロー社に持ち込んだ。そこでも断られたが、書き続けるようにと私を励ましてくれたので、二つ目の小説『ブック・オブ・ザ・ダンカウ』(*The Book of the*

Dun Cow）を書いた。そしてハーパー社が出版を受け入れてくれた。

私たちはリディーマー・ルーテル教会に出席していた。そこは、英文学部の学部長グラビル博士が「通りの向こう側の霊廟」と呼んでいた教会だ。デビッド・ワッカーがそこの牧師だった。

デビッドは、長身でがっしりした馬面の男で、大学でもセントルイスの神学校でもバスケットボールをしていた。彼はバスケットの真下でジャンプし、弧を描いて落ちてくるボールを背後でつかみ、床に落ちる前にそれをダンクシュートすることができた――それもすべて単一の流れるような動きで。説教壇に立つとき、デビッドは帯を両手でぐいっと引っ張るのだが、その動きはアスリートが自分のベルトを引っ張る仕方だった。それから唇を両手の甲でぬぐい、「位置について、用意、説教！」となるのだった。

彼は、次の日曜日に語る予定の説教について話し合うため、定期的に教会から私のオフィスまで芝生を横切って駆け足でやって来た。毎回彼のやって来るのが見えた。神学の知識については私のほうが彼よりも豊富だったのだ。サーンと私は会衆席の前から二列目に座った。デビッドは大声で語ったので、マイクはほとんど必要なかった。彼の話の中に私の語ったことが反映されていることもたびたびだった。

一九七三年のこと、デビッドがある提案をした。彼は私が召しを受けていると思っていた。

「君は牧師になるべきだ」と彼は言った。「私は教師だよ」と私は答えた。

「いや、君は説教すべきだ。」「私は生涯を書くことに献げたいんだ。」

ワッカーは、私が神学校で学業を終えるまでの間、私を自分のアシスタントにしたいと望んでいた。私に、神学校を終えて按手礼を受け、本格的に牧師になってはどうかという。つまりリディーマー・ルーテル教会で牧師に昇格し、ワッカーと二人で聖職を分かち合うというのだ。

私は、いやとは言わなかったが、いいとも言わなかった。自分に召しがあるかどうか確信がなかった。あるとき、義兄が言ったことがある。冗談でなく、非常にまじめに、「神は、牧師には貧しさを求めておられる」と。修道僧のように貧しいことを。

私は英文学の博士号を取るためにまだ勉学の途上ではないか？　そのうえ、すでに三回生のころから自分はものを書く人間だと考えていた。私はストーリーテラーであった。それは明白だ。夜ベッドの中で弟ポールのために物語を長々と語って聞かせたものだ。ある人が私の通っていた小学校にタイプライターを寄贈してくれたときも、私はそのタイプライターで想像がわくのにまかせて四つの物語を紡ぎ出すことができた。

中学二年生のとき、とても短い物語を書いて学校のコンテストに出品した。それはフィクションだったが、自分の家族を基にしたものだった。その作品が一等賞を取り、賞とともに、全校生徒の前でその物語を朗読する機会が与えられた。

この発表の後、私は自分の学友や教師たちが新たな目で私を見ていることに気がついた。彼らはある種の同情をこめて私に語りかけるのだ。なぜ？　彼らは、その物語の中で私が自分のことを書いていると信じ込んだのだ！　なんということだろう。

この集会のあとは歴史の授業だったが、その教師は頭の禿げた小柄な人物だった。生徒たちが騒ぎ始めると、彼は授業の内容をすべて黒板に書き、それをノートに写すようにと命じるのだった。怒ると、禿げ頭が赤くなった。

その集会の後も、彼はそのようにした。が、私はそれに従わなかった。新しい考えに没頭していたのだ。もしもみんなが私の書いたフィクションを事実だと信じたのだとしたら、そして彼らがそれによって変化したのだとしたら、私はわずかではあるが、世界を変えたことになる。その力に私は身震いした。さらに驚くべきことに、だれも私のしたことに気づいていないのだ。だから、私は何の咎めだてもなく現実を変えることができた。

その夏、私は初めての小説を書いた。

書くことを、どうして説教のために諦めることがあるだろう？　これがデビッドの提案を受けると言えなかった理由だった。

ユダヤ王国の歴史における暗い時期、大祭司ヒルキヤは会堂に埋もれていた律法の書を発見した。彼はそれをヨシヤ王の書記シャファンに手渡した。シャファンはそれを声に出して王の前で読み上げた。

そこには神の聖なる言葉の力が宿っていた。聞く者の心を変える力が。

「王は律法のことばを聞いたとき、自分の衣を引き裂いた。王はヒルキヤ、シャファンの子アヒカム、ミカの子アブドン、書記シャファン、王の家来アサヤに次のように命じた。『行って、見つかった書物のことばについて、私のため、イスラエルとユダの残りの者のために、主を求めよ。私たちの先祖が主のことばを守らず、すべてこの書に記されているとおりに行わなかったために、私たちの上に注がれた主の憤りが激しいからだ。』」

神とのこのような対話は現在に至るまで続いている。神の言葉はヨシヤ王を動かす。ヨシヤの切なる願いは、当時の女預言者フルダを通して語られる神の答えを聞くことだった。フルダは次のように神の言葉を告げた。「あなたがこの場所とその住民について神のことばを聞いたとき、あなたは心を痛めて神の前にへりくだり、わたしの前にへりくだって自分の衣を引き裂き、わたしの前で泣いたので、わたしもまた、あなたの願いを聞き入れる。」

神は現在においても書かれた言葉（聖書）にご自身のいのちを吹き入れ、私のような人間に対して何度も何度も語りかけておられるのだ。

一九七三年の秋、私はオハイオ州オックスフォードのマイアミ大学に戻った。博士号取得のため、その学業を修了するためだった。三人目の子どもが生まれたばかりだった。女の子だった。私はサーンと三人の子どもたちを家に残していた。

その夏はニクソン大統領がやり玉にあげられていた。彼は八月に辞任した。サーンとの電話の会話は、もっぱらリチャード・ミルハウス・ニクソンのことだった。大抵の場合、電話の向こうに子どもたちの遊ぶ声が聞こえていた。サーンは骨身を削って働いていた。

九月が過ぎ、暑い十月になった。十月の明るいロウソクの光は、陰鬱な十一月に吹き消された。私自身も無我夢中で働いていたが、とうていサーンのてんてこまいぶりには及ばなかった。

さて、博士号取得には母語のほかに二か国語の習得が求められていた。私はドイツ語とラテン語を選択した。ドイツ語の試験に備えるために、ギュンター・グラスを読んで翻訳した。ラテン語のためには、ヒエロニムスによるウルガタ・ラテン語訳聖書の福音書とパウロ書簡の翻訳を始めた。

マリファナを吸っていたテキサス出身の友人は、修士号取得後、マイアミ大学には戻って来なかった。それ以来、彼には会っていない。彼について一番思い出に残っているのは、彼がある種の慰めを求めて私の部屋にやって来たときのことだ。私の貧しい信仰では彼を支えることはできなかった。今ならもっとうまく話すこともできただろう、というのも、お決まりの言葉ではなく、純粋に信仰心から話をしようと努力しただろうから。彼は暗黒の抑うつ状態に圧倒され、心がしおれていたのだと思う。

しかしそれも結局は牧会的だったのだ。やり方は誤っていたとしても、困った人をカウンセリングする牧師のようだった。

そしてそれが、ワッカーが私の中に見た召しだったのだろう。

ギュンター・グラス、ウルガタ・ラテン語訳聖書、ロマン主義文学の講座――もはや後戻りの許されない「自分のルビコン川」について考えなかったわけはない。教鞭をとり執筆に励むべきか？　それとも牧師になるべきか？

マイアミ大学に戻り、私は六年前と同じように真夜中の散歩に出た。寒い十二月で重いコートに身をつつんでいた。耳は凍え、吐く息は白かった。しかし絶望はしていなかった。自分の使命についてとりとめもなく考えていた。私に召しがあるのか否かを。

ふんわりと慈悲深い雪が降り始めた。雪片が私のコートについた。雪は私の顔に舞い降りて融けていった。父なる神のなんと尊い心遣いだろう！

カトリック・ニューマン・センターは、昼夜を問わず常に開錠されており、疲れた者を招き入れていた。その図書館のテーブルには大きなウルガタ訳聖書が置かれていた。ある夜、陽が沈んでから、私は図書館の丸いライトの下に座り――小さな部屋の壁は暗かった――パウロのローマ人への手紙の第八章を訳していた。

私は訳文を、バインダーで綴じた罫線入りの紙に書きつけるのが常だった。

そのときも、さしたる考えも注意も払わず一二節と一三節を英語で書き綴っていた。それはゆっくりとしたありきたりな作業だった。そして一四節に目が留まった。

そこにはQuicumque enim Spiritu Dei agntur, ii sunt filii Deiと書かれていた。

呼吸が少し早まり、あえぐほどだった。

私は訳を書きつけた。「神の霊によって導かれる者はみな――」

そこで書くのをやめた。その言葉に私は惹きつけられた。神の霊に自分の道を委ねる者とは？

私は再び書き始めた。そこには明白で簡潔な答えがあった。

「神の子どもなのです。」

あぁ、親愛なるイエスよ、それこそ私が望んでいたことだ！　私は神の子どもでありたかったのだ。では私のなすべきことは？　自分を神の導きに委ねなければならなかった。

ではどの道を？　私の道ではなく神の道を。私の道は教師となる道だった。神の道は彼に仕える道だ。神に仕えるのに聖職に就く以上の方法があるだろうか？

これだ。今やワッカーにどう答えるべきかは明らかだった。

私は大判の聖書を閉じ、暗がりの中を歩いて自分の部屋に戻ると、机について手紙を二通書いた。

一つはデビッド・ワッカーに、彼の申し出を受け入れる、と。

もう一つは妻に、彼女を深く愛していると、そして我々の生活が急転回するだろう、と。

第9章

その年のクリスマス、家に戻る前に、私は博士論文の論題を選んでいた。それは中世の詩、特に、パール詩人〔訳注＝一三八〇年ごろ書かれた、二歳で亡くなった娘パールをうたった詩〕についてだった。

私は研究のために必要なパール詩人についての書物をオフィスに積み上げていた。しかし、自分にこう言った。もし別の道に進むべきなのであれば、これらの本はすべて図書館に戻し、論文にはまったく手をつけずにおこう、と。

リディーマー・ルーテル教会は、私のために、窓のないコンクリートブロックの小さな仕事部屋を提供してくれた。

まず私は、すぐに大人のためのバイブル・クラスで教え始め、ユース・グループのリーダーとなり、教会での教育プログラム全般の責任者となった。日曜学校については、教材を自分で書き上げ、最良の教師たちを選び、彼らに私とのミーティングを毎週持つよう要望し、そこで私の書いた授業内容を伝えて予習した。ミーティング後は日曜日に備え、各教師がそれぞれ自らの授業内容を書き込むことになっていた。

ワッカーと私は病人を訪問し、私は月に一度説教した。私は人々を愛していた。

そして、時間のあるときに、二つ目の小説を書いた。

いつでも執筆できるよう、行く所へはどこにでも、ブリーフケースの中に書きかけの原稿を入れて持ち運んだ。

サーンと私は二エーカーの敷地に住んでいたので、大きな菜園で自分たちの食べるものを育てた。そのうちの一画はいちご畑だった。その地所には鶏小屋もあったので、卵と肉のために鶏も育てた。義兄が鶏の頭を切り落とす方法を教えてくれた。鳥を丸太の上に寝かせ、少しぼうっとおとなしくなるまで羽を撫で、首の後ろからナタを振り下ろすのだ。義兄はまた、鶏の解体方法も教えてくれた。

子どもたちは鶏小屋（chicken coop）のことを鶏のお尻（chicken poop）と呼んでいた。彼らは小屋には近づかなかった。というのも、鶏が子どもたちを追いかけて、膝の後ろをつつこうとしたので。

夕方になると、私はサーンと一緒にブランコに腰かけたものだ。私たちは四人目の子どもを養女に迎え六人家族となっていた。ジョセフ、マシュー、メアリ、タリサ、そしてその母親と父親と。

デビッド・ワッカーと私は、セントルイスにあるコンコーディア神学校まで車を走らせた。神学校の学部長であるジョン・ダム博士との打ち合わせが予定されていた。博士は恰幅も血色もよい友好的な人物だった。私は彼に、リディーマー教会での仕事が私のヴィカレージ（Vicarage）の単位としてカウントされるかを尋ねた。ヴィカレージとは、すべての神学校で義務づけられたインターンシップ期間のことだ。

ダム博士は認められると言った。しかし彼は机の上で両手を組み、この先、何らかの深刻な問題にぶち当たるかもしれないと悲しそうに話した。

ルーテル教会の中に非常に保守的な考え方の一派が現れ、神学校から「リベラルな神学者たち」を追い出そうとあらゆる手立てを尽くしていたのだ。ダム博士は、私がヴィカレージの期間を終えるころまでには、自分も教授たちもいなくなっているかもしれない、と語った。

私たちは挑戦してみると言った。どのみち、私は主からの召しを受け入れたのだ。

ある日曜日のこと、何人かのアフリカ系アメリカ人がリディーマー教会に出席していた――白い人々の中に黒い顔があった。

礼拝後、彼らからデビッド・ワッカーと話がしたいとの申し入れがあった。

月曜日、ワッカーは彼らの要求が何であったかを私に話してくれた。

彼らは別の教区にあるグレース・ルーテル教会から来たのだ。グレース教会はスラム街にあり、無牧となっていた。彼らは、新たな牧師を招聘する前に、検討する時間を持つのがいいだろうと考えたのだ。つまり、別の牧師を呼ぶべきか、それとも、彼ら流の言い方をすれば、扉を閉ざすべきか。毎日曜、礼拝に集うのはせいぜい二五人から三〇人程度だった。

リディーマー教会のだれかが、彼らのために説教をし、牧師の招聘について検討する手助けをしてくれないだろうか？

ワッカーは温和な人物で、希望に満ちていた。即刻、彼は快諾した。

ワッカーは私に、グレース教会を自分の仕事に加える意志があるかどうか知りたいと言った。私はあると答えた。

リディーマー教会での二年目、保守的な勢力が悪影響を及ぼすようになってきた。プロイスという名の男がその代表だった。代表になったとき、彼は、神学校の校長だったジョン・ティーティエン博士をその職務から追放することにしたと公表した。プロイスは、ティーティエンを異端であると訴えて自分の反対運動を立ち上げた。このプロセスには少し時間がかかった。

しかし状況を憂慮する一般の教会員たちがすぐさま動き出した。インディアナ教区の教区長は管轄内の教会を回って、異端がルター主義に入り込んでいると非難した。彼はウッディー・ツィマーマンという男で足が不自由だった。リディーマー教会はインディアナ教区内で最も大きな教会の一つだったので、彼はリディーマー教会には一度ならず足を運んで来た。そのうえ、リディーマー教会はインディアナの教会にもそれ以外の多くの教会にも多額の献金をしていた。

ツィマーマンは悲しげな様子で、彼が呼ぶ「福音還元主義」を非難した。〝正しい〟教義は、聖書にあるように、律法と福音の原理を区別するものだ、と彼は言った。当時、神学校の教授たちは、律法も福音として神から与えられたものであると教えていた。すべてが主の慈悲と愛のわざの下にあるのだ、と。

小さなグレース教会のために私はアンケートを作って家々を訪問した。居間に座り、その家の人と顔と顔とを合わせて話がしたかった。

以下がアンケートの要旨だ。

グレース教会はその扉を閉ざしたいと願っているのか？　それともスラム街のために奉仕するという神から与えられた真の使命を負っていると信じているのか？

グレース教会は牧師を支えるに足るほど大きく成長できるか？

もしそうなら、牧師は黒人であるべきか、白人であるべきか？

アンケート結果は私を勇気づけるものだった。そう、彼らは使命を負っていた。近隣の人々はとても貧しかった。彼らの多くは、自分たちをバプテスト教会のメンバーだと思っていたが、教会には全く通っていなかった。バプテスト教会のメンバーであるにもかかわらず聖書についてほとんど何も知らなかった。

牧師を養えるかという点については、グレース教会の人々は気持ちばかりが先行しているようだった。できると思うと彼らは告げた――もし会員全員が正直に十一献金をささげ、主のために自分の財布の中身をからっぽにするならば。

白人か黒人か？　この点については彼らにこだわりはなかった。

私たちは日曜日の朝の礼拝を十一時三十分からという遅い時刻に設定した。そうすれば、ワッカーか私のいずれかがリディーマー教会の十時の礼拝の後、大急ぎでグレース教会へ行って、同じ説教をすることができる。時とともに、私たちはそれぞれの責任を分担するようになり、日曜日は、デビッドがリディーマー教会で、私がグレース教会で説教することになった。

実際、私たちのケアのもとで、グレース教会は成長を始めた。

サーンと私が養子に迎えた子どもたちはアフリカ系アメリカ人だった。マシューは皮膚の色が濃く、タリサのは淡かった。

ある日曜日の礼拝後、私は、エイダ・チェスターが腕に赤ん坊のタリサを抱いて、その顔をのぞきこんでいるのに気がついた、

エイダは私を見ると、「この赤ん坊は私たちの一人？」と尋ねた。

私たち夫婦の子どもの一人かという意味ではない。彼女が言いたかったのは、「この小さな女の子は私たちと同じ黒人なの？」ということだった。

私はそうだと言った。

するとエイダはタリサを胸にしっかりと抱き締め、自分の喜びを率直に歌にした。

一九七五年のクリスマス休暇の間に、だれかが神学校の全教員（正確には、正しいとみなされた五名を除くすべての教員）の各オフィスの扉の下に手紙を滑り込ませた。その手紙の内容は、教員たちの解雇を通告するものだった。教員にはオフィスの整理に二週間が与えられた。それ以上の猶予は、神学校内の家に居住する者が引っ越しするためにさえ与えられなかった。

これに対しほとんどの学生がドラマチックな反応を示した。

彼らは体育館の外に集結し、それぞれ白い十字架を持ってチャペルの扉に向かって行進した。学生たちは、マルティン・ルターが九五箇条の意見書を釘で打ち付けたヴィッテンベルクの城郭教会の扉をチャペルの扉に重ねていた。そして学生たち自身、自分たちの主張をチャペルの扉に貼り付けた。

彼らは各自の白い十字架を芝生の上に立てた。一つ一つの十字架が、有害な人物として追い出されたすべての教員たちのためのものだった。それから彼らは神学校を後にした。それは重い決断だった。学生たちは向かうべき方向については何も知らなかったのだ。

そこで教師たちは学生への支援を表明し、すぐに別の神学校を立ち上げた。授業のための建物もまだないうちに。「放浪中のコンコーディア神学校」（Concordia Seminary in

Exile）、もしくは「セミネックス」（Seminex）がそれである。彼らはやがてその神学校の卒業式を見ることになる。

さて、事は大きくなっていった。按手を受けた牧師が登録されている教会の名簿からも削除されることになった。教団すべてから退かねばならなかった。異端者がオフィスから追放されるだけではすまなかった。

このことの後、私はリディーマー教会の評議会で、自分はセミネックスで神学教育を終えたい意向を伝えた。セミネックスの教授たちが、私の以前の教師たちだったからだ。

その代価は地獄かもしれないと私は言った。

評議会は私の計画を不満も言わず快く受け入れてくれた。おそらく来るべきものとして私に予測できたものが、彼らには見えていなかったのだ。

緊張は高まった。事実、ルター派は危機感を募らせていた。そして激情はきょうだいや親子を互いに敵とした。教会は分裂した。

デビッド・ワッカーは自らその問題のただなかに身を投じた。この大男は私と同じような立場の者のために戦うつもりだった。

他方、ヘンリー・ロプノーという善意の人物が私とサーンのもとにやって来て、私たちの計画を変えるよう誠意をこめて（彼は真実、私たちを愛していた）懇願した。彼はルター派の学校で私の子どもたちを教えていたし、伝道旅行にはサーンに同行してくれたものだ。

彼の子どもたちは私のユース・グループにいた。彼は私の説教を称賛してくれていた。しかし私たちはこの親愛なるヘンリーを悲しませることになった。彼の期待に沿うことはできなかった。

枝分かれした教団は「リベラル」（例の反対者たちが「福音還元主義者」と名づけたものだ）に共鳴する牧師たちによって構成された。この小さな教団（これは The Association of Evangelical Lutheran Church, ＡＥＬＣと名づけられた）の中で、セミネックスを卒業した学生たちは按手を受け、その後、教区内の一つに赴任先を見つけることができた。

ウッディー・ツィマーマンはリディーマーのような教会の信徒たちに、あなたがたは教団の命令においてその資産を所有しているのだと警告した。だれか一人でも教団を去る者があれば、土地も教会の建物も失うことになるというのだ。表面穏やかな脅しであった。

一九七六年秋、私はセントルイスとエバンスビルの間を、ハイウェイ64号で行ったり来たりした。セミネックスでは最後の授業を取り、エバンスビルではグレース教会の人々のケアに当たった。

クリスマスと私の卒業が近づくにつれ、リディーマー教会の信徒の苦痛はますます大きくなっていった。私がセミネックスを選んだということは、ＡＥＬＣで按手を受けることを選んだということだ。だれかが後に続かなければならない。

もしも私が従来のルーテル教団（the Lutheran Synod）以外で按手を受ければ、リディーマー教会は私をどう扱えばよいだろうか？

一九七七年一月、私は按手を受けた。デビッド・ワッカーが式の説教を行った。教会は友人たちや教区の人々でいっぱいだった。私たちはみな、喜びにわいていた。私の顔は嬉しさと神への感謝で紅潮した。

しかし、リディーマー教会で、ワッカーのもと、私がひとかどの牧師として新たな職務につくための契約について話をする者はだれもいなかった。

事実、そのような契約の計画はなかったのだ。そしてこの先、私がリディーマー教会の牧師として就任することもなかった。

デビッド・ワッカーはためらっていた。

「私は教会のことを考えなければならない」と彼は言った。

その年の初め、私は偶然、一九七七年度の教会予算書を目にした。そして支出の欄を指で下になぞっていった。副牧師のための支出項目は見いだせなかった。

私はその予算書をデビッドのところへ持って行った。

彼は言った。「申し訳ない。本当に申し訳ない。評議会が投票を行って、そのポジションをなくす決定を下したんだ。」

私の顔は熱くなった。もちろん喜びのためではない。

二年前、正式な総会で私を副牧師として選んだのは、この信徒たちの総意ではなかったか、と私は指摘した。それならば、私をこの役からはずす決定を下すのも、何らかの委員会ではなく総会であるべきだ。

彼は同意した。そのときの彼の感情の色合いについては思い出すことができない。

こうして、ある日曜日の礼拝後に正式な総会が開かれることになった。

その日曜日は総会のため、グレース教会での礼拝はいつもより早く行われた。

私はリディーマー教会へ車で戻り、共同ホールへ入って行った。そして集まった信徒たちの後ろに立った。まだ総会の最中だった。私が到着するまでには終わっているだろうと思っていたのだが。私が戻って来た唯一の理由は、家族を拾って家まで車で帰るためだった。

会員たちは順番に立ち上がり、こんなふうに言っていた。「ウォルトのことは好きだが、しかし……」

会議中、唯一、ある女性が立ち上がり、私と約束をしたのは自分たち信徒であることを思い出させた。

「しかし、あれは以前のことで……」

最終的に信徒たちは投票を行うことになった。

副牧師解任ということで起立した人々の数が圧倒的だった。

「ああ……」

真っ先にサーンが後方にいる私を見つけ、そばに来て立った。

それから他の人々も私を見た。多くは目を伏せてホールから歩き去って行った。泣いている人々も数多くいた。

ある女性はその夫とともにサーンと私に近づいて来たが、ひどく泣きじゃくっていて言葉を発することができなかった。夫のほうは、どうやら何も言うことはないらしかった。

話せるようになると、その女性は言った。「いったいどうしたら私たちに対してこんな仕打ちができるの？」

第10章

グレース教会以外に、私はどこへ行くことができただろう？

このころ、どうやって家族を養っていたのか覚えていない。唯一覚えているのは、サーンが倹約していたことだ。

サーンは農家育ちだった。農家の娘たちは、裁縫や編み物、また野菜を缶詰にしたり、果物をジャムにしたりする方法を学んでいた。私たちはブロッコリーやビートを食べた。もっともマシューはビートが大嫌いで頑として飲み込まなかったが。私が、ビートを全部食べるまで食卓から立ち上がることを許さないと言うと、マシューはビートの色が抜けて白くなるまで口の中で飲み込まずに噛んでいた。それでも結局のところ栄養だけは摂れていたのだろうと思う。

服はお下がりのものだった。中古の自転車ももらいものだった。子どもたちに読んでやる本は図書館から借りてきた。あるいは、私自身が子どもたちのために物語を書いた。その多くは絵本として出版されている。

そして、グレース教会が決断を下した。そう、牧師を招聘することにしたのだ。

グレース教会は一九三八年に設立された。設立当初は開拓伝道所だった。設立者の男性は、近隣の、中でも高学歴の人々を会員に望んだ。そのほとんどが教師だった。彼は非常に有能な牧会者で、教会は繁栄した。教会員の多くが大学を出ていたので、高い水準の教会運営を行った。オルガニストはゴスペル・ソングなど弾かなかった。彼女が弾くのはバッハだった。聖歌隊は、講壇とは低い木の壁で仕切られた特別席から歌ったので、人々は彼らのことを「お高くとまった人たち」と呼んでいた。自尊心。聖歌隊は自分たちを天使だと思って満足していた。

こうして教会は始まった。しかしこの二〇年もの間、牧師たちは白人と黒人の二つの教会を受け持ち、礼拝を別々に行っていた。入れかわり立ちかわりやってくる牧師たちは、自分の住まいを白人教会の近くに選んだ。彼ら自身白人だった。

ミセス・アロイーズ・ストーリーは頑とした意見と固い信念を持つ女性だった。彼女は黒人学生のためのタスキギー・インスティテュート（Tuskegee Institute）を卒業していた。彼女は善悪を判断できる人物だった。

彼女はグレース教会の招聘委員会の一人だった。ある日、いつにない笑顔でグレース教会にある私のオフィスにやって来た。

「もう待てない。待つべきと分かってる。でももうだめ。」

それから彼女は私に書類を差し出した。招聘委員会は投票を行い、結果、私に牧師として自分たちの教会に着任してもらいたいということであった。

父はいつも、そのような招きが真実か否かについては聖霊が教えてくださると語っていた。

◇　◇　◇

私にはそれは全く理解できなかった。聖霊がどのように語りかけ、正しく聖なる方向へ導くというのだ？　按手を受けた後でさえ、召しは教会と人との間のただの契約のように思えた。人はただ契約書にサインするのだ。

しかしグレース教会からの招聘には、確かに聖霊がおられた、なぜなら私を招聘しているのは彼らだったから。召しを神の招きとし真実なものとするのは、誠実な人々の集まりであることを私は悟り始めた。

私はその申し出をすぐには受け入れなかった。それを心に温めていた。サーンと私はまずそのことについて話し合い、祈らねばならなかった。そして子どもたちとも話し合った。

神学校で私は大きな古い家に住んでいたが、そこにはある男が一緒に住んでいた。彼は、当時ローデシアと呼ばれていたアフリカの国の出身であった。背が低く精力的で、とても黒い肌の色をしていた。彼は音楽的なアクセントで英語を話した。名をファライ・ガンビザといった。

ある週末を共に過ごそうと、私はファライをエバンスビルに招いた。私は、召しについて彼の知恵が欲しかった。特に黒人の信徒たちの中に白人の牧師が置かれることについてである。そして彼に日曜日の説教を依頼した。

土曜日、私たちは親しく会話した。彼は自国のニュースを聞くため無線ラジオを持参していた。彼の故国はもうすぐ独立を果たそうとしており、その暁には国名は「ジンバブエ」となるはずだった。彼には彼の、私には私の考えがあり、私たちは互いに自分の考えを分かち合った。

日曜日、彼は説教した。が、彼の——そして私の——最も深い感動を引き起こしたのは、礼拝中の別の出来事だった。

ミセス・アロイーズ・ストーリーが立ち上がり歌い始めたのだ。彼女は『だれも知らない私の悩み』(*Nobody Knows the Trouble I've Seen*)を弦楽器のようなアルトの声で歌った。伴奏なしだった。彼女の声だけが響き、会衆はしんと静まってその歌を聞いた。

彼女が歌い進めるにつれ、ファライは首をますます深く垂れていった。私とファライは講壇に隣り合って座っていた。ほどなくファライは頭を振り始めた。そして言った。「だれも、だれも、こんなふうには歌わない。」アロイーズの歌は彼のたましいにはあまりに悲し過ぎたのだ。

彼の反応は、私の中にも同じ反応を引き起こした。私は気持ちが高まり、泣かないよう精いっぱいこらえた。もし自分だったら、この礼拝をどう導いただろうか。

あとで私は、ファライが口にしなかった質問をアロイーズに投げかけた。

「どうすればそんなに飾り気なく歌えるのか?」

彼女は背筋を伸ばすと、ふんと言って答えた。「これが、タスキギー・インスティテュートで教えられた歌い方よ。」


ミセス・ストーリーは、ニューオリンズで、私たちの想像以上にサーンと私に良くしてくれた。

教団における黒人聖職者と黒人教会の立場を私が理解できるようにと、彼女はエバンスビルからニューオリンズまでの飛行機チケットを買ってくれた。そこでルター派のアフリカ系アメリカ人による聖職者会議が開かれることになっていたのだ。

何百という人々が集っていたが、白人の聖職者は黒人の海の中にまばらにしか見当たらなかった。説教者の説教は力強かった。

ミセス・ストーリーは、かつて私にこう言った。「グレース・ルーテル教会に〝抑揚〟は要らないわ。」

「抑揚」という言葉は、ジェームズ・ウェルドン・ジョンソンの『神のトロンボーン』(*God's Trombones*)の序に出てくる。その一節をここに引用してみよう。

昔、黒人の説教者の役割は、つまるところ演説者であり、良い意味での役者だった。彼は弁術の極意を心得ており、根本的には、それが律動的な単語の連なりにほかならないことを知っていた。事実、私は、意味をなさない、ただの分節のリズミカルな抑揚によって会衆が動かされ、恍惚状態になるのを目の当たりにしている。説教者は弁術についてのあらゆる様式をマスターした人物だ。多くの場合、その声は、すばらしい楽器のようで、陰鬱なささやきから雷鳴へと転調させることができた。その演説は通常、情熱的な高い調子だが、時折口語的な表現となり、たまにユーモアをみせることもある。彼は、人格的で擬人化された神、確たる天国と灼熱の地獄について説教した。彼のイマジネーションは大胆で何ものにも拘束されていなかった。彼には目の前の聴衆の心を奪う力があり、大抵の場合、自分自身も夢中になった。そのようなとき、彼の言語は散文ではなく詩であった。

これらの「意味をなさない分節」は一連の「ふふふ」という音でもよいのだ。ニューオリンズで説教者がしたのはこのような説教だった、しかも意味をなさない分節ではなく、広い知性に裏打ちされていた。荒々しい神学。そして人々は対話形式でそれに応じた。「兄弟、それについて説教してくれ！」「そうだ！」「アーメン！」そして拍手。

あぁ、彼らはなんと頻繁に手を叩いたことだろう。他方、「脱線」する者はだれもなかった。つまり、ジャンプしたり、叫んだり、頭をのけぞらせたり、気絶したりはしなかった。ルター派の黒人たちはこれらのことをバプテストの人々やホーリネスの人々に示して見せた。

このような説教は私には決してできなかったし、その必要もなかった。「抑揚なく」とミセス・ストーリーが言ったのは、私への教えだったのだ。

しかし私は心動かされた。そしてグレース教会にもこのアフリカ系アメリカ人の団体に参加してもらいたいと切に願った。

それで私はグループの指導者の一人を見つけ、彼にエバンスビルのグレース教会が教団を出て行かなければならないかもしれないと話した。「もしそうなったら、あなたがたのグループに加わることはできますか?」と私は尋ねた。

その指導者は言った。「それは無理だ。私たちにはすでに問題が山積しており、これ以上は必要ない。」

私は再度、招聘委員会からの招きについて考えた。グレース教会の牧師になるべきか否かについて。ウッディー・ツィマーマンは、保守的なプログラムに添えない者を除名すると脅していたのではなかったか? 私は、教団が認めた者ではなく、そこから分裂したAELCが認める者から按手を受けたのだ。

もし私が招聘を受け入れたら、グレース・ルーテル教会も除名されるかもしれなかった。ミセス・ストーリーの親切には意図的なところがなかった。彼女は自分が何をしたのかすら気づいていなかった。

ニューオリンズでの最初の夜、彼女はサーンと私をディナーに招待してくれた。そのレストランはビュッフェ・スタイルで、各自好きなものを選ぶことができた。私たちがテーブルにつくと、ウェイターが飲み物の注文にやって来た。チップをもらうやり方なのだろう。

さて、このウェイターは白人で、私に飲み物を何にするか尋ねた。ミセス・ストーリーはチップを支払うのは自分だと合図した。ウェイターは、私にではなく、彼女と話すべきだった。しかしこの哀れな愚か者はミセス・ストーリーを完全に無視し、彼女を見ようともしなかった。しかもサーンには同じように飲み物を尋ねた。

この時点でミセス・アロイーズ・ストーリーはシナイ山のように立ち上がった。彼女はウェイターの若者ほど背は高くなかったが、彼が小さく縮んだように思えた。

私は心の中で言った。「やり過ぎだ。」ミセス・ストーリーのことをである。

これが私にとっての最初のレッスンだった。私は、ウェイターの態度に人種差別を見なかったばかりでなく、私自身の内にある差別にも気づいていなかったのだ。

時とともに私の思いは変わっていった。つまり、自分自身の中に相手を抑圧しようとする気持ちがあることを知り、その抑圧を自分自身のものとして感じ取るためには、抑圧に苦しむ人々を愛する必要があるということを。

こういった様々な事柄の末に、サーンと私はグレース教会に受諾の旨を伝え、招聘を受け入れた。

第11章

リディーマー教会の会員に九〇歳になる女性がいた。彼女は視力がほとんどなかった。杖に寄り掛かって歩くとき体は震え、会衆席に座ると丸く小さくなった。彼女の娘は、私の父と同じ歳だったが、自分の腕に寄りかかる年老いた母親を導いて会堂の中を歩いた。ミセス・クララ・シャイバーとルース・シャイバーの母娘で、娘のほうは五六歳だった。どういうわけか母親のクララは私が短編を書いていることを知っていた。

あるとき、郵便で厚紙の招待状を受け取った。そこには飾り文字で「クララ・シャイバー」とサインがしてあった。もしよければランチに招待したいということだった。

緑のよろい戸のある平屋建ての小さな玄関で娘のルースが私を迎えてくれた。ミセス・シャイバーその人は台所の小さなテーブルの向こう側に座っていた。私はミセス・シャイバーの向かいに腰を下ろしたが、そこにはすでに私のために食器類がセッティングされていた。

話の前に、ルースは私に食事を勧めた。ローストビーフとコーンだった。

ミセス・シャイバーは言った。「ルースは私の書記なの。娘には視力がありますからね。

娘に私の言葉を書きとめてもらっているの。あなたは」と彼女は言葉を続けた。「作家ね。」その時点で私はまだ何も出版していなかった。しかし彼女は、私の夢がすでに実現したかのように私を作家と呼んだ。

彼女は言った。「ここにあなたを招いたのには三つの特別な理由があるの。」

その最初の理由は、古い知り合いのことを再確認したかったからだ。

「私はね、イリノイ州の教区で牧師だったころのあなたのおじいさんを知っているの。五十年以上も昔のことよ。ミスター・シャイバーは私の夫だけれど、ルター派の学校で校長をしていた。あなたのお父さんはほんの少年だったわ。あなたのお父さんとルースとは同じ教室で机を並べていたのよ。」

彼女の二つ目の理由はこうだった。「私は小さな本を出版している。私もあなたと同じ作家なの。」

本の著者！　私は、これまで出版された本の著者と同席したことは一度もなかった。この事実に私の心臓の鼓動は早まった。

彼女は言った。「もしよければ、あなたの助言者になるわ。自分たちの素材を互いに相手に読み聞かせて、その構成が成功か失敗かについて話し合うの。あなたがダンテだとして、私はヴェルギウスになれると思うわ。」

彼女の三つ目の理由は、私には意味をなさないものだった。

彼女はテーブルに身を乗り出し、切迫したようなささやき声で言った。「決して暗闇でダンスしてはだめよ。」

私は、彼女が助言者になってくれるであろうことを見て取って喜んだ。いとまを告げる前、私はミセス・シャイバーからささやかな宿題を与えられた――それは彼女自身の小さな本ではなく、ショパンの伝記だった。

毎週回を重ねるうち、私は彼女についてより深く知るようになり、ついには「暗闇の中のダンス」という謎めいた表現についても理解するようになった。

一九二〇年代、クララが若かったころ、ドイツのルター派の人々は厳格な規律のもとに生活していた。教会の礼拝で女性たちは沈黙を守らなければならなかった。女性が男性を教えることはできなかったし、評議会のメンバーとして選出されることもなかった。ましてや礼拝において何らかの役割を果たすことなどできなかった。彼女たちのあるべき姿は、募金活動をするレディース・エイド（Ladies Aid）や、祭壇を整える奉仕活動をするオルター・ギルド（Altar Guild）のメンバーであるか、母親であること、あるいは、教会での食事会の料理をつくることくらいだった。子どもたちを教えることはできた。が、たかだかこんな程度だったのだ。

教会の外では、手紙やはがき、讃美歌くらいは書いたかもしれない、もし読み書きができたならば。しかしそのほかの執筆活動――たとえば本を書くことなど――は分不相応な行為であり、譴責されるべき自惚れとみなされた。

にもかかわらず、ミセス・シャイバーは書いたのだ。

彼女はマルティン・ルターの妻カタリナの伝記を書くことを選んだ。

台所のテーブルで、もちろんのことだが、ペンとインクで手書きした。しかも、家事をすべて終え、シャイバー校長と子どもたちが学校へ行くのを待ってからだ。そして家族が家に戻って来る前には原稿や本をしまってしまう。この計画は秘密裡に行わなければならなかった。九月から春にかけ、クララは書き、修正し、すべてをタイプした。

原稿が仕上がると、彼女はそれをタイプライターの用紙を入れる箱に収め、唯一のルター派の出版社に送った。

夏の間、彼女は待った。出版社が女性の書いたものを出版するという期待はほとんど持てなかったけれど。

九月になり、郵便で小さな封筒が届いた——出版社からだった。もう一度、クララは家に自分一人になる時を待った。あのすばらしいドイツのチュートン騎士団の規律正しさで、彼女は洗濯し、夫のシャツにアイロンを当てた。

それから食堂のテーブルに腰をおろした。

クララ・シャイバーは、ペーパーナイフで封を切ると、一枚の紙を取り出し、その手紙を読んだ。

「あなたの原稿を本にすることにしました。おめでとう。」

「とても興奮して」と彼女は私に言った。「頭の上で両手をつなぎあわせたわ。そうでもしないと爆発しそうで。子どものように笑って部屋中ぐるぐる回ったの。そしてダンスした。でもね、その前にカーテンを引いたわ。だからね、あなたは私のように暗闇の中でダンスなんかしちゃだめよ。」

さて、私がこの話を持ち出したのは、次のことが言いたかったからだ。

私がグレース教会の牧師として就任した最初の日曜日、ほとんどの人が会堂を去ってから、クララと彼女の娘が会衆席の最後列に座っているのが見えた。

私は彼女のほうへ歩いて行った。

彼女は言った。「でも、決してルーテル教会を離れたりしないわよね？」


デビッド・ワッカーがアーカンソー州リトル・ロックの教会から招聘されて、エバンスビルのリディーマー教会を去ることになったのは、私がグレース教会に赴任して半年ほど後のことだったと思う。

その間にリディーマー教会はワッカーに代わる人を見つけていた。この人の就任は、私の場合と同様、日曜日の午後の礼拝と聖餐式を執り行うためだった。

私はリディーマー教会には行かないことにした。しかしサーンには別の考えがあった。

リディーマーには多くの友人がいた。その友情は私たちが教会を去っても続いていた。念のため、彼女は会衆の代表者に電話をし、他の人々と一緒に主イエスのからだと血であるパンとぶどう酒の聖餐にあずかれるかと尋ねた。

教団では、「クローズド・コミュニオン」(closed communion)という教義が実践されていた──今もそうだ。これは、教会員でない者は聖餐にはあずかれないというものだ。理由を問われれば、教団の神学者の言葉を引用するまでだ。私には彼らの示す根拠が理解できないので。

二エーカーの我が家に戻って来たとき、サーンは敷地内の小山に植わる三本の木の下に座っていた。彼女は泣いていた。リディーマーの代表者が彼女の願いを粉々に打ち砕いたからだ。

かわいそうな妻！　七年間礼拝をささげてきた教会から締め出されてしまった。友人たちが参列する聖餐式への参加が許されなかったのだ。

しかし彼女の涙は悲しみの涙ではなかった。

次の日、彼女は私に、これらのことは喜びのためだったこと、なぜならその行動が彼女を自由にしたからと語ってくれた。

ウッディー・ツィマーマンはまだ私と手を切ってはいなかった。彼はグレース教会に手紙を書き続け、私が対話に応じることを勧めるよう教会のメンバーに働きかけていた。これは、私が教団の登録聖職者として再び受け入れられるかもしれない道だった。（ツィマーマンや彼の教団の）神学校でいくつかの授業を受けることができるか、試験を受けることができるか、いずれかだった。もし教団の三名の責任者が私の信条を健全なものとみなしてくれたら、再び聖職者として良い条件で受け入れられるだろう。

会衆（彼らは当然、黒人会議のメンバーであるはずだ）のために、私は後者の道を選んだ。

そこで私は再びセントルイスへと車を走らせた。私は祈っていた。横柄過ぎず、従順過ぎないよう、むしろ、事実と私の信条とを明確に飾り気なくはっきり述べることができるように。

私の試験官は、教団の副会長プロイス、コンコーディア神学校校長ボールマン、教育委員の役員ウェバーだった。

試問は一時間を超えてはいけないことになっていた。

私たちはボールマンのオフィスで席に着いた。試験はスムーズに進んだ。彼らの質問に私はすべて肯定的に返答した。試験の最後に、プロイスは後ろにもたれ、（確信していたことではあったが）私と私の神学を受け入れると宣言した。

私は言った。「しかしあなたがたは、私の神学について何も質問しなかったではありませんか。」

プロイスは言った。「いや、ウッディー・ツィマーマンが、その点については問題ないと我々に言っていたのだ。が、分かった。私から質問だ……」

彼は、私がセミネックスの教授のもとでヨハネの福音書に関する授業を受けていたのを知っていた。彼は言った。「もしも君がヨハネの福音書第六章についてのその教授の解釈に賛成しないなら、確かに正しい教義を信じていると言おう。」

「ヨハネ福音書第六章の問題」とは、その章がヨハネの福音書が書かれた後に挿入されたものだと教授が私に教えたことを指している。教団は、そのような挿入はヨハネが著者であることを否定するものだと教えていた。

私は言った。「教授はその点には触れませんでした。」

再度、事は私を受け入れる方向に向かったかのようだった。

しかし私は、それに近い内容のことを信じていると彼らに言わずにはいられなかった。つまり、モーセ五書は一人の著者によって書かれたのではなく、少なくとも三つの異なる見解から成る複合体である、と。

そして、事はそれまでだった。

プロイスは言った。「我々が今日の律法に従っているかどうかを、みんなが注意深く見守っている。残念だが、君には資格はないと思われる。」

彼の答えに私はかえって喜んだ。私の将来にはもはや何の疑いもなかった。

サーンもほっとした。

しかしウッディー・ツィマーマンは教会に対し教団を去らないよう繰り返し呼びかけた。私はただ、教会のだれもが読めるよう彼の手紙を貼り出した。

それらは人種差別的と言わないまでも、人を見下したものだった。

「教団はこの何年もの間、あなたがたを愛してきたし、あなたがたの面倒をみてきた。」

しかし、グレース教会は自身の資産を持っていた。教団を離脱することに対するウッディーの脅しには何の実効性もなかった。そのうえ、教団は「この何年もの間」グレース教会を無視してきたのだ。会衆の面倒は自分たち自身でみてきた。そしてアフリカ系アメリカ人が白人の教会を訪れるといつも、牧師たちは言ったものだ。「同じ仲間たちといるほうが、あなたにとって心地よいと思いますよ。ダウンタウンに黒人の教区があって……」と。

「どうか」とウッディーは書いていた。「引き続きあなたがたの世話人でいさせてほしい」と。

ほどなくグレース教会は私に言った。「どうやったらこうした手紙を送るのをやめさせることができるだろう?」一つ一つの手紙が屈辱的だった。

「教団を出るという手もある」と私は言った。

結論を早まらないよう、私はすべての家族を訪問し、その意向を尋ねた。二人を除くすべてのメンバーが教団を去るべきだと言った。その二人は教団が催す集会を楽しんでいた。

一人はその委員会の委員だった。
最終的に、事を急がないのであればということで、この二人も離脱に賛成した。
こうしてグレース・ルーテル教会は教団に別れを告げた。

ある日曜日、会衆がまだ通路にたくさんいて、聖餐のための横木にひざまずいていると
き、讃美歌が終わってしまったことがあった。
静寂の中、会員たちは静かにアフリカ人特有のやわらかい声でハミングを始めた。彼ら
は「アメージング・グレース」をハミングし、それはすぐに何重唱にもなっていった。
まさに、驚くばかりの恵みだった。グレース教会はすばらしい教会だった。
私の心は温かくなった。
私たち、サーンと私と四人の子どもたちは、自分たちが落ち着くべき場所に戻ったのだ。

Ⅲ 響き合う天上の賛歌

第12章

グレース・ルーテル教会の建物は、南北に走るエリオット通りと東西に走るガム通りの角の少し小高いところに建っていた。その横には私たち家族のための、これも小さな牧師館があった。

教会の内部は基本的に二つの部屋に分かれていた。二階の礼拝堂と地下の共同ホールだ。教会に入るとそこは小さな踊り場だった。左手に礼拝堂に上がる階段が、右手に地下のホールに続く階段があった。会衆席のベンチはちょうど二〇列だった。講壇に立つと、左手に一一列、右手に九列を数えることができた。九列にしてあるのは、一つの通路をすれ違って行き来できるよう余裕を持たせるためだった。それぞれの会衆席には大人六人が座ることができた。

会堂の中はステンドグラスの窓のため薄暗かった。祭壇上部の窓は、ゲッセマネの園でイエスが祈っている姿を描き出していた。そのイエスは、大きな岩に向かってひざまずき、岩に肘をのせて指を組み、顔は天を見上げていた。その顔からは天に向かって光が放たれていた。その姿は、私が幼いころ、イエスを捜し求めたときに思い描いていたような服装

――長いローブにサンダル履き――で、その肌は栗色だった。

エアコンはなかった。

会堂の左側に小さなスペースがあり、そこにオルガンが置いてあった。右側は私のオフィスになっていた。オフィスは、机一つと真っ直ぐな背もたれの椅子一つがやっと入る小さな部屋だった。私は壁に本棚を作りつけた。窓はといえば、非常口に続く扉についている窓だけだった。

黒人ばかりの中で白人としての私の存在は、近隣の黒人牧師たちに疑念を抱かせた。私が彼らの教会のメンバーたちを奪おうとしていると考えたのだ。そのうえ、どこかの大きな教団が大金を出して私たちを支援していると思い込んでいた。そのうち彼らの気持ちは変化したが、私が彼らの集会に招かれることはなかったし、互いに用心深く平和に過ごすようになっていった。

ある夜、私がエリオット通りを歩いていたとき、ひとりの女性が近づいて来た。

「ここで何してんのさ、青目さん?」と彼女は言った。

私は言った。「この教会の牧師ですよ。」

「おっと」と彼女は言って、あわてて去って行った。

私は、スラム街に、夜の女たちがうろつき回る場所にやって来たのだ。

ガム通りに面した家々はどれもショットガン・ハウスだった。それは三つの部屋が（玄関から裏口まで）一列になっているものだ。これらの家は第二次世界大戦中に建てられ、以後、変わらずそこにある。そこには貧困に陥った人々が住んでいた。「ショットガン・ハウス」と呼ばれるのは、玄関から発砲して裏庭にいる人を撃つことができたからだ。少なくともそれが謂れだ。その真偽は知る由もないが。

ただ確かなことは、スラム街は私を怯えさせたということだ。グレース教会への赴任前に、もしもだれかが「どんな教区を希望しますか」と尋ねたら、このような環境の地区は決して選ばなかっただろう。

ある夜遅く私がオフィスに座っていると、窓に黒人男性の顔が現れた。思わず声をあげて叫びそうになり、背中に恐怖が走った。

ハーマン・トマス・シニアが私に、扉の鍵はいつもかけておくようにと忠告してくれていたものだ。

窓のところにいたこの男は、教会のメンバーであるシェリル・ローレンスの夫であることが分かった。おそらく彼は、私がどんな奴か確認したかったのだろう。また彼は、自分でガリ刷りした手紙のコピーを持っていた。それには、夏がきたらスラム街のアフリカ系アメリカ人はリンカーン通りにバリケードを築く計画だと書かれていた。リンカーン通りは、東部のより裕福な地域からエバンスビルのビジネス街へ行こうとする人々が車を走らせる通りだった。

私と彼、フィリップ・ローレンスとは近づきになった。私がほかの場所でなくグレース教会に自分のオフィスを置いたこと、そして日が沈んでからもオフィスに残るような向こう見ずな面を持っていることに、彼は感心したようだった。

「ここで何してんだい、青目さん？」

私がオフィスにいたのは、ほかでもない、出かけるのが怖かったからだ。夜、身体を揺らし、団扇をぱたぱたさせ、冷たい飲み物をすすってポーチに座っている人々に挨拶することが。

「やぁ」

彼は大きな鼻から「やぁ……」と声を出した。

「私はウォルト・ワンゲリン。グレース教会の牧師だ。」

「そうかい。」

「いい夜だね？」

「主がそうなさったのさ、牧師さん。」

「もちろん、もちろんだ。」

「主をたたえよ。」

「そう、そのとおり。」

びくとも動かない長い沈黙の間、対話の相手はどこか遠くを見つめていた。

とうとう私は言った。「それじゃ。またお目にかかりましょう。」

「そうだな。」


そのころ、私はパイプを吸っていた。ある朝、パイプをふかしながら教会の前のコンクリートの階段に腰を下ろし、陽射しを楽しみながら小説を読んでいた。


低い車体の車が私の前を過ぎてエリオット通りを走って行き、ガム通りでゆっくり右折した。すると突然バタンと音をたてて停車した。中の男が窓から体を乗り出して言った。

「ここで何やってんだ？」

私に向かって話しかけているのだと分かるまでに少し時間がかかった。

「座って読書さ。いいお天気だ。」

男は車のドアを開けると、周囲を見回しながら大股で私のほうに近づいて来た。

彼は袖を切り落としたTシャツを着ていた。Tシャツには「Semper Fi」〔訳注＝「常に忠実な」という意味のラテン語 semper fidelis〕というロゴが印字されていた。彼の腕は私の太腿ほどもあった。頬はまるかったが、彼のアフリカ系の黒人らしい額は釘を打ち込めそうなほど逞しかった。

「それじゃ答えになってねぇ」と彼は言った。今や彼は私の上に立ちはだかって、真っ直ぐに私の目を見ていた。太陽が彼の頭の後ろにあって、後光か何かのように輝いていた。

「てめえ、おれの通りで何やってると思ってんだ？」

私は言った。「読書を……座って」それから口をつぐんだ。こんな図体のでかい軍人に軽々しく口をきいたりすべきではないのだ。

私は自分の後ろを指さした。そしてさらにまじめに言った。「私はここの牧師だ。」

「ふざけんじゃねぇぜ。」

「本当だ。ここで説教している。」

彼は言った。「おれは彼女と話をしてたのさ。彼女はあそこ、赤く塗った家の中だ。彼女が言うには、どこかのババアが彼女のテレビを盗んだってのさ。」

「私は牧師だ。何かを盗んだり絶対にしない。」

「来いよ」と彼は言うと、踵を返し自分の車のほうへ歩いて行った。「来い、こっちだ！」

私は彼に従った。彼は運転席側のドアをバンと開いた。

「そこを見てみな」と彼は命令した。

私は言われたとおりにし、そして息を呑んだ。フロアボードに置かれていたのは大きな銃だった。

「見てのとおり」と彼は言った。「これはおれの〝メネス〟さ。」

彼は自分の銃にメネス〔訳注＝Menace　脅迫・おどしの意〕という名前をつけていたのだ。明らかに彼は銃の愛好者だった。「脅迫」とはまったくおあつらえ向きの名前だ。

「あんたに警告しとくがな、白人さんよ。おれは海兵隊にいたんだ。あんたが彼女のテレビを盗んだって、このおれが言ってんだぜ。」

「ちがう」と私は抵抗した。めそめそした態度だったに違いない。「私は盗んでいない。」

「嘘つくんじゃないぜ。白状するまで締め上げようか。」

「ほかにどう言えばいい？　本当だ。君の彼女に会ったこともない。あの家にだれが住んでいるか知りもしないんだ。」

「おやおや、面倒なことになったぜ。」

ちょうどそのとき、オープンカーがガム通りをこちらにやって来た。その車も速度を落としてやって来た。中にいたのは、グロリア・ファーガンソンの娘だった。彼女もグレース教会のメンバーだった。彼女は私たち二人のそばに車を停めた。彼女は言った。「牧師先生、時間のあるとき、会いたいんだけど。」

そして車で走り去った。

「おっと！」と海兵隊員は言った。「おっと、やばいとこだったな。」

この場合、「やばいとこ」という表現は正しくない。正確には「ひどいめにあうところ」だ。

男はバックシートに届くまで頭を車に突っ込んだ。それから黒いケースを取り出し、掛け金をはずした。ケースには銀のフルートが入っていた。

彼は言った。「あんたさ、おれはこのフルートを持ち歩いてるんだ、いつでもどこでもさ。どうだい。おれに五〇ドル貸しなよ。おれはこのフルートを置いていく。戻って来たら、あんたに五〇ドル返す。」

この取り引きについては考える余地もなかった。私は財布を取りに行った。

「さぁ」と私は言った。「一〇ドル札と二〇ドル札のほかは手持ちがない。これでいいか？」

それで十分だった。

彼と彼のメネスと私の三〇ドルは車で去って行った。

男がフルートを取りに戻って来ることはなかった。

あるとき、リディーマー教会に通う女性がグレース教会を訪れた。彼女は私の小さなオフィスのドアをノックした。

「私が来たのは」と彼女は言った。「ウォルト、あなたは本当に謙虚な人だと伝えたかったから。あなたは良い生活を犠牲にし、ここまで下って来て人々に仕えているんですもの。」

彼女の称賛は誤った思い込みだった。人種差別的であることは言うまでもなく。スラム街の黒人たちに奉仕するために「下って」来ることは、犠牲でも何でもなかった。むしろ私にとっては上昇だった。

シェリル・ローレンスとフィル・ローレンスには、私たちの子どもたちとほぼ同年齢の三人の幼い子どもたちがいた。シェリルの母親は名前をメアリ・モーアといった。メアリは働き者で、忍耐強く、献身的であった。

メアリの母親は小柄な快活な人で、名をステラ・メイズといった。実はステラの本当の名前はオーストラリアだった。ステラの母、つまりメアリ・モーアの祖母が、娘にこの大陸の名をつけたからで、オーストラリア大陸を逃げ出してからはここアメリカの〝コネット〟、つまりコネチカット州に住むようになった。

グレース教会ができたとき、メアリは幼く、当時はまだ従順だった。

クリスマスのとき、彼女はスピリチュアル・ソング『主よ、マリアは赤ちゃんを産んだ』(*Mary Had a Baby, My Lord*) を歌った。彼女はこの歌を、あたかもへとへとに疲れきった女がモップを引きずるように音を低くひっぱるように歌った。「彼女は赤ん坊をイエスと名づけた、私の主。彼女は赤ん坊をイエスと名づけた、私の主。」

私は、処女マリアのことを考えずにはいられなかった。処女マリアは、十字架の恐怖に苦しむ息子の姿を見つめることになるのだ。

あぁ、メアリよ、嘆き悲しむことはない。すべては良いようになるのだから。

しかし、家族に関してはいつもうまくいくわけではなかった。

メアリのおばあさんは、生前、オハイオ川の岸にあるホテルで清掃係のメイドとして働いていた。

彼女は自分のお金をポーチに入れ、それを紐で首から下げて、シャツの下の乳房の間にはさんでいた。

ある日、自宅の居間に座っているとき、痩せた若い男が思いもかけずドアを開けた。その男を彼女は知っていたし、彼も彼女を知っていた。男はぎざぎざの刃のキッチン・ナイフを持っていた。

彼は刃先を彼女のシャツに突きつけて言った。「あんたがそこに隠している金が欲しいんだ。」

メアリのおばあさんは言った。「私の家から出て行きな。」

痩せぎすの男は首を振った。何かの薬のせいで興奮しているようだった。彼は言った。

「あんたを刺すぜ。金をよこせ。」

「行くんだ。私の家から出て行きな、やせっぽっち。」

男は彼女の下着に手を入れた。

彼女が大声をあげると、男は彼女の左肩の下を刺した。

ナイフの先は肋骨で止まり、そこでポキリと折れてしまった。

男はポーチをぐいと引っ張り、紐を引きちぎると、ポーチを取って走り去った。メアリ・モーアのおばあさんはシャツを脱ぎ、傷口から血を洗い流した。彼女は皮膚を引っ張って傷口を閉じ、包帯でおさえた。

傷は癒えたが、褐色の胸に青白い傷跡が残った。

彼女はひとり暮らしで、その一生は質素だった。一九四〇年代のことだ。メアリは当時一七歳かそこらだった。おばあさんが毎日自分の家と表の通りを掃いている姿を見ていたに違いない。おばあさんの裏庭には草は生えていなかった。それでも、おばあさんは自分ですっかり満足のいくまで、がんこなよごれを掃いていた。

給料があまりにも安かったので、彼女は食べ物にほんの数ペニー費やすだけだった。豚の腸を買って、塩で洗い、一日中ゆでてチタリング（chitterlings　調理された豚の腸）を作った。彼女流の発音でチトゥリン（Chittlin's）を。

一年後、メアリのおばあさんは胸の上部に鈍い痛みを感じるようになった。痛みはどんどんひどくなっていき、もはやホテルのベッドメイキングもできなくなった。咳に血が混じるようになり、とうとう寝たきりになってしまった。

子どもたちは彼女を医者に連れて行った。

医者は胸のレントゲンをとり、折れたナイフの先が肋骨から胸に移動していることを発見した。息をするたびにこの金属は少しずつ少しずつ内臓の奥深くに動いていったのだ。

手術するには遅すぎた。

悲しいことに、おばあさんは亡くなり、メアリは深く悲しんだ。

白人はオーク・ヒル墓地の良い場所に埋葬されたが、アフリカ系アメリカ人のための場所は区別して脇にのけられていた。埋葬の時、バプテストの牧師が土くれを棺桶の上に投げると、メアリの叔母の一人が大声をあげてその墓のそばにひざまずいた。

時折、メアリはセントルイスのいとこたちを訪ね、彼らと一緒にホーリネス教会に行った。

戻って来ると、彼女が私に、礼拝の中で大声をあげたり、踊ったりするのはとてもぞくぞくする経験だった、洗礼はルーテル教会で受けたし、これからも変わらずルター派に属すだろうけどね、と打ち明けた。

彼女はそれを、ほかの人に聞こえないよう、ささやくような声で話した。

第13章

神の恵みにより、私は成長した。自分の行いによるのではなかった。

まだだれもいない早朝、私は会堂の横木にひざまずいて祈った。私は勉強した。日曜礼拝のため、御言葉をよりよく理解するためにギリシア語で聖書を読んだ（つまるところ、神は私がコンコーディア神学校で受けた教育を祝福してくださっているのだ）。私は説教し、人々は集まった。

私たちの礼拝には三〇名から四〇名の人々が集った。彼らの多くはルター派でもなければグレース教会のメンバーでもなかった。

私は問題を抱える人々をカウンセリングした。聖職者によるカウンセリングはこの地域では通常行われていなかったので、他の教会に通う人々や、教会に行っていない人々も私のオフィスにやって来た。その中で私は有効な方法を学んだ。それは、人々が悲しみを整理するため時間と沈黙を必要とするときには、自分の注意をパイプに向け、それにタバコを詰めることだった。

私も、彼らと同じ苦しみに悩んだことがあった。私にも、神が存在しないように思われて失望した大学院生のころの体験があった。「隠れたる神」(the Deus absconditus)。そして苦悩の後に、再びイエスを見いだすという喜びを経験した。だから、たましいの暗い夜を通って光へと続く道を彼らとともに歩むことができた。

毎回の礼拝の後、私は教会の扉の外に立って握手し、彼らの名前を覚えた。意気消沈している人を見ると、訪問を申し出た。

ひとりの女性が私に言った。「私は死んだ人に花なんか供えません。何の意味があるの？　あげるなら生きているうちにあげるわ。」　そして続けた。「あなたの説教はすばらしかったわ。」

主の名を呼び求める者はだれでも救われる。(ローマ一〇・一三)

ところで、信じたことのない方を、どうして呼び求められよう。聞いたことのない方を、どうして信じられよう。また、宣べ伝える人がなければ、どうして聞くことができよう。遣わされないで、どうして宣べ伝えることができよう。「良い知らせを伝える者の足は、なんと美しいことか！」(同一四―一五節)

◇　◇　◇

グレース教会に赴任して四年の間に、私たちは楽しい習慣をつくった。クリスマスの前の週の日曜日、暖かい服にくるまり帽子を被ってにぎやかに教会の外に集まるのだ。それから十二月の真っ暗闇の中、キャロルを歌って歩いた。子どもたちは飛び跳ねながら先頭を行き、大人たちは後ろから、おしゃべりしたり、心地よい音をたてたり、街灯の下でかすかな息を吐いたりしながら、近隣の通りを下り、大股で一団となって歩いた。

雪は降るだろうか？　降りそうなくらい寒く、空気は静かで、星は天の大軍のように暗い夜空に散らばっていた。

私たちは、高齢者や外出できない人々の家のポーチの前で立ち止まった。子どもたちがポーチの上で興奮し高い声音でざわめいた、というのも突然の訪問と歌で、ミズ・リリアン・ランダーを驚かせようと思っていたからだ。子どもたちは顔を窓に押し付け、大声をあげた。「あめにはさかえ　み神にあれや　つちにはやすき　人にあれやと……」（讃美歌九八）。

ミズ・ランダーが窓のカーテンを開けた。彼女は腰を下ろし、外をのぞくと、笑顔になった。

「ジングルベル、ジングルベル」私たちは歌った。リズムに合わせ、皆それぞれのキーホルダーを振った。

白人の子どもたちの顔はピンク色になり、黒人の子どもたちの顔には白く霜がふっていた。

最後に――それぞれの家でのキャロルの終わりに――私たちは『ウィー・ウィッシュ・ユー・ア・メリー・クリスマス（おめでとう、クリスマス）』を歌い、先へと歩いて行った。ミズ・ハティー・ガーナーの家の前でキャロルを一つか二つ歌った後、彼女は私たちに『きよしこの夜』を歌ってほしいとリクエストした。

この子どもたち、つまり聖歌隊だった。私たちは彼らを「グレース・ノート」と呼んでいた。日曜日の朝にはブレンダ・ディクソンがこの聖歌隊を指揮した。当初私は、騒がしい子どもたちは礼拝堂の後方に座らせるべきだと考えていた。ブレンダは言った。「とんでもない！」彼女は、会衆に子どもたちが見えるよう、そして彼らを称賛できるよう、彼らを最前列に座らせたいと考えていた。そういうわけで、子どもたちは最前列に座ることになった。

「きよしこの夜」静かな歌声になった。ディー・ディー・ローレンスという少女が三番の歌詞をディスカントで歌い始めた。その声は高く高く私たち全員の上に舞い上がり、あまりの素晴らしさに人々は深い感動を覚えた。ミズ・ガーナーは頭を垂れた。大人たちは泣き始めた。ディー・ディー・ローレンスが星々のところまで飛翔してきらきらした天球に触れ、空全体が響いているようだった。

ディー・ディーはミルク・チョコレート色の頬をした八歳の少女で、その瞳には東洋的な輝きがあった。歌うときは、その目をしばたたかせた。

キャロルの最後の訪問先は、教会のメンバーが何人か入院しているセント・メアリ病院だった。

そこで三つのグループに分かれた。私は三つ目の一団を連れてオデッサ・ウィリアムズの部屋に入った。サーン、ディー・ディー、私の子どもたち、それから少し年上のハーマン・トーマス・ジュニア、コーヒーブラウン、メアリ・モーアの息子ティミー（ティミーはとてもおっとりした心地よい声の持ち主だった）。そして残りの者たちと一緒に、私は部屋の中へと行進して行った。

ミズ・ウィリアムズの状態について、私はグループのメンバーに忠告しておくべきだった。というのも子どもたちは彼女を見て目を丸くしたからだ。子どもたちは一歩あとずさってベッドを取り囲んだ。シーツに触れることも、背後の暗い窓の出っ張りにぶつかることもなく。

部屋は腐敗した臭いがした。病んだその女性の顔の肌は羊皮紙のようにぱりぱりで、つっぱっていた。頬はこけて、くぼんでいた。シーツから突き出した脚はほうきの柄のようで、痩せた腕と指は鉛筆のようだった。

ディー・ディーはオデッサのベッドの足もとに立っていた。娘のメアリはベッドをはさんで私の向かいに立っていた。

「歌おう」と私は子どもたちにささやいたが、彼らはすり足をするばかりだった。

「どうした？　猫に舌を取られちゃったかい？」

メアリは言った。「彼女には聞こえないと思うわ。」

「とにかく歌おう。意識がなくても、ちゃんと聞こえるんだよ。」


私のグレース教会在任期間中、オデッサ・ウィリアムズは外出ができなかった。私は彼女の小さなアパートに聖餐のパンとぶどう酒を持参し、そこで詩篇を読んで祈った。祈ったというのは、つまり、彼女が私に牧師としての務めを果たすことを許してくれたときには、ということだが。

オデッサはがっしりした背の高い女性だった。私の訪問中、彼女はタバコを持った手で宙を突きながら歩いたものだ。タバコの煙は頭上で渦を巻いた。また、かかとを踏み潰した室内履きを履いて歩いていた。彼女はしっかりと自分の考えを持つ女性だった。そしてその考えを流暢に述べたてた。

私が何か間違ったことをして彼女を怒らせると、sとtを発音するために入れ歯をはめ、歯を合わせてカチカチいわせた。しかし機嫌の良いときは、入れ歯を水の入ったグラスの中に入れておくのだった。

ミズ・ウィリアムズはこと自分の「こどもたち」のことについては注意深く目を光らせ

ていた。彼女は実際に子どもたちが歌うのを聞いたことはなかったが、彼らに対する大きな母親のような愛情に満ちていた。

概して私の間違いは彼女の子どもたちに関することだった。

「子どもたちを最前列に座らせなきゃ、聴いてるかい？」座席のことをどうやって彼女は知ったのだろう？　牧師として私が何をなすべきか、何をなすべきでないかが、どうして彼女に分かったのだろう？

私は彼女に、そのとおり、彼女の「こどもたち」を会衆席の最前列に座らせることにしたと語った。

私は、この女性にタバコをやめさせることはできなかった。

彼女の癌は進行した。

彼女は最初、セント・メアリの老人ホームに入り、それから人生最後の日々を送るために病棟に移った。

さて、グレース・ノートは、結局は私に従った。大きく目を見開いてミズ・ウィリアムズを囲み、なさけない調子で『飼葉桶の中で』（*Away in the Manger*）を歌った。歌詞の中で、牛がモーとなくまでには、子どもたちは自らの声に慰められ、キャロルの声は大きくなっていった。

するとオデッサが目を開いた。身体は動かさなかったが、子どもたち一人ひとりに順に焦点を当てようと、目を左右にぴくぴく動かした。

今や声はさらに大きく、子どもたちは天使たちとともにその歌に耳を傾けていた。オデッサの「こどもたち」は、自分たちの胸の中で天使が歌う初めてのキャロルを発見したのだ。

オデッサは眉をしかめ始めた。眉をしかめ、うなずき、両目をかたく閉じた。そしておいしい肉をかむように「むにゃむにゃ」と言ったが、それはこの女性がひどく喜んでいる証拠だった。

オデッサは入れ歯をはめていなかった。

次に彼女がとった行動は、キャロルの間中、子どもたちの顔をほころばせた。オデッサ・ウィリアムズは弱々しい腕をあげ、指揮し始めたのだ。

腕を振り、指揮棒のようにそれをさっと振り下ろした。

最後の歌が終わると、私は「ディー・ディー、『きよしこの夜』を」と言った。

ケラビムが私の子どもたち――そしてオデッサの「こどもたち」――に加わり、彼らは歌った。

ディー・ディーは一番からすでにディスカントのパートを始めていた。

オデッサは目に見えるほど震えていた。彼女は大きく見回し、目をしばたかせている子どもを見つけた。それから再び両腕をあげると、驚くほどの熱心さでディー・ディーを指揮した。大きな振りで、オデッサはディー・ディーを地上から上昇させた。オデッサは道を示し、少女はこの老いた女性に身を任せた。ディー・ディーの歌声が高く、長くなると、病室が——病院全体が！——ガラスのチャイムになった。

「救いの御子は　まぶねの中に」

王さまのように腕を一振り一振りして、オデッサはディー・ディーを栄光にまで飛翔させた。ディー・ディーのソプラノは光の噴水に乗って上昇して行った。彼女はもはや子どもではなかった。彼女は北極星だった。

「めぐみのみ代の　あしたのひかり」

それからオデッサは、再びおとなしく地上に、そして彼女のベッドの足もとに降りて来た。

「かがやけり　ほがらかに」

子どもたち全員が隊を組んで立っていた。まったく身動きもせず、沈黙のうちに微笑み、次に起こることを待ちながら。このようなすばらしい出来事のあとで、だれに身動きなどできるだろう？

そう、しかし私は動かなければ……。キャロルは終わった。オデッサは疲れていた。もう家に帰る時刻だ。

しかし子どもたちはもっと何かを期待していた。そしてミズ・ウィリアムズは彼らの期待を裏切らなかった。低いしゃがれた声で説教し始めたのだ。

「子どもたち」と彼女は言った。「私の聖歌隊、聖歌隊、あんたたちは私の子どもでもあるんだ。あんたたち以上の聖歌隊なんて永遠にない。あんたたちは最高さ、本当に最高だよ。」

子どもたちは彼女を見つめ、うなずいた。彼女を信じきっていた。私の娘も目をきらめかせていた。彼女もミズ・ウィリアムズを信じていた、その身もたましいも。

「聞きな」とオデッサは言った。「イエスさまを賛美するために歌うときは、どこで歌おうと、最前列を見下ろすんだよ。何が見える？　そこにはいつも空席があるのさ。その空席に何があるか知ってるかい？」

子どもたちは首を横に振った、が、知ることになると分かっていた。

「私さ。」オデッサはささやいた。「なぜって、私はあんたたちと一緒だから。この人生、すべての困難が終わった後も、私はあんたたちと一緒にいる。こんな信じられないようなことをどうして言えると思う？」

子どもたちには分からなかった。それで彼女は言った。

「なぜって、私たちはイエスさまの中にいるからさ。」オデッサはその神秘をささやいた。そして長い片手を上げた。「子どもたち、子どもたち、私たちはね、高齢者も、幼い子も、みんなみんなイエスさまの手の中にいるんだ。イエスさまが私たちをその手の中に入れてくださる、そしてだれも私たちをそこから引き離したりできない。絶対に。そう絶対に。」

この女性が強い確信と燃えるような愛に満ちて言ったので、ディー・ディーの目からは涙が溢れた。

私の娘メアリは手を伸ばしてオデッサの指先に触れた。メアリはこの老いた女性を愛していた。これが分別によって与えられた愛の力なのだ。それは、突然、そして永遠に心を変容させるものなのだ。

◇　◇　◇

ミズ・オデッサ・ウィリアムズは十二月二十二日の火曜日に逝った。

それは長い道のりだった、が、来てしまえば早かった。彼女は眠っている間に息をひきとり、入れ歯をはずしたまま主のもとに召された。

来てしまえば早かった、と私は言ったが、それはオデッサが私たちに嘆き悲しむ時間をほとんど残してくれなかったからだ。葬儀は二日後の木曜日には行わねばならなかった。というのも、ゲインズ葬儀場——それはアフリカ系アメリカ人のための唯一の葬儀場だった——は木曜日と週末が定休日だったからだ。そしてこの特別な週は金曜日も閉館されることになっていた。クリスマス当日に働く人などいなかった。そういうわけで、前夜式のため水曜日の夜までにミズ・ウィリアムズの遺体をきれいにしておかねばならなかった。

それに、私にとっても消耗の激しい多忙な週だった。クリスマスは私たちのだれもが大忙しだった――クリスマス・イヴのページェントがあり、特別に説教の準備をしなければならなかった。私の牧師としての仕事は二倍になるうえ、オデッサの葬儀で三倍になった。

水曜日の昼食を私は四人の子どもたちと一緒に摂っていた。私はミズ・ウィリアムズが亡くなったと、そっけなくはないが、せかせかした調子で告げた。私たちはスープを飲んでいた。とりたてて特別な類のニュースではなかった。会衆の中には高齢者もいるのだから。

私は、メアリが食べるのをやめてスープの深皿を見つめていることにほとんど気づかなかった。

私は口を拭い、食卓から立ち上がった。

「パパ？」

「なんだいメアリ。早くお食べ。」

「パパ？」

「早くと言っただろう？　パパは教会へ戻らないといけないんだ。」

「パパ」と彼女は言った。「あした雪は降るかしら？」

「分からないよ。そんなことがどうしてパパに分かるんだい？」

「雪になっちゃいけないんだもの。」

「でもメアリは雪が好きだろう、特にクリスマスに降る雪は？」

小さな声で彼女は言った。「お葬式に出たいの。」

「いいだろう」と私は答えた。「車に乗せてくれるようママに頼みなさい。」そして席を離れた。


グレース教会にはある習わしがあった。

葬儀が始まる前に、棺桶を会堂の真正面に置き、一時間ほど蓋を開けておくのだ。人々は急いで仕事に出かける前に、最後の敬意を表しにやって来た。息を引き取った女性は、その列が移動する間、永遠の忍耐をもってそこに横たわっていた。

まもなく親しい人々が教会に残り始めた。コートのボタンをはずして会衆席に腰をおろし、式が始まるのを待っていた。彼らの様子は羽をふくらませて電話線に止まる冬鳥を連想させた。

式まであと十分という時刻に、私はローブを着て、教会の扉のところに立った。黒く長いリムジンが到着したとき、オデッサの家族に挨拶するためだ。

それはクリスマス・イヴの午前十一時だった。オデッサ・ウィリアムズにはこれといった家族はいなかった。ゲインズ葬儀場の責任者ミスター・ジョージがもうすぐ到着するはずだった、もし霊柩車に同乗していなければリムジンに乗って。それで私はドアを開けてジョージを捜したが、代わりにそこにいたのは私の娘だった。

娘は灰色の陰鬱な空を見上げていた。

「メアリ？」と私は言った。そして続けた。「中に入るかい？」

「パパ」と彼女はささやいた、それがまるで忌まわしいニュースでもあるかのように。「雪になるわ。」

「中にお入り、さぁ」と私は言った。「一緒に行ってあげるから。」

私はメアリを連れ、ミズ・ウィリアムズにお別れができるよう通路を歩いて行った。彼女は棺桶の中を見つめて言った。「なんてこと」私は娘の視線の先に目を向けた。オデッサの目はしっかり閉じられ、まつ毛は糸で縫いつけられたようだった。そして唇はすっかり色を失っていた。肌の色はかつてよりも淡く、本物の人間ではなく木でできた人形のようだった。鼻梁には細い縁の眼鏡が一方に傾いてかかっていた。眼鏡をかけたオデッサを私は知らない。明らかにだれかが眼鏡を置いたのだ。何が彼女の所有物で、何がそうでないのか、そんなことはもうどちらでもよかったのだ。

メアリはオデッサの指に手を伸ばした。その指は祈りの形に胸の上に置かれていた。メアリはオデッサの指先に触れ――それからあわててその手を引っ込めた。

「パパ！」と彼女は非難を込めて言った。彼女は責めるようにまっすぐ私を見た。その顔は真っ赤だった。そして涙と闘っていた。「雪になる！」と彼女は言った。「ミズ・ウィリアムズはもう冷たくなってる。彼女を今日お墓に埋めてはだめ！　クリスマス・イヴだもの、彼女の上に雪が降っちゃう。」

突然メアリは私のローブに顔をうずめた。

娘は死と遭遇したのだ。物事の終わりである死。それは彼女にどんな物事にも必ず終わりがあることを教えた。――良い事にも、やさしく恵まれた事にも、稀で貴重な事にも。彼女が愛する人々でさえ、それぞれ人生の終末を迎えなければならない。

私は膝をついて娘の小さな身体を引き寄せた。これがかつて与えられた愛の残酷さなのだから。それは再度心を変容させ、そのとき、愛はバラバラに引き裂かれる。

私はメアリが通路をとぼとぼと戻って行くのを見ていた。彼女は両腕を組み、怒りで唇を固くすぼめて母親のそばに座った。もう泣いていなかったし、質問もしなかった。答えのない問いをなぜ問うことがあるだろう？

オデッサの葬式の説教とその聖書の箇所とを私は今でも覚えている。米改訂標準訳聖書(Revised Standard Version) のイザヤ書第九章一節からだ。

　しかし、苦しみにあった地にも、闇がなくなる（口語訳）

私はオデッサの暗い部分について語った。彼女の肺癌の進行について。痩せて背の高い女性とその頑とした性質について。私はまた彼女のたましいについて語った。ある面、小うるさく、ある面、横柄で、しかしどこにおいても誠実だった、そのたましいについて。亡くなった人の人生について語るとき、私はいつもある真実の前で身動きできなくなる。それは私に彼らの罪について語ることを要求する。死者に対する甘い賛辞は、曖昧なものか偽りかのいずれかだ。それらは嘆き悲しむ人々にとって何ら永続的な価値を持たない。しかし、まず罪について、次にキリストの十字架と私たちの罪を覆う恵みについて言及すること、ただそれだけが永続的な慰めと天国への信頼を確かなものにする。なぜならキリストの復活は人々をよみがえらせるから。その者たちにご自身が白いローブを着せて。

私は映画館のイメージを使った。「オデッサは」と私は言った。「暗闇の中に座っていたのだ」と。

　闇の中を歩む民は、大いなる光を見
　死の陰の地に住む者の上に、光が輝いた。（イザヤ九・一、新共同訳）

この光は、彼女が映画のスクリーンに見る光とは明らかに異なっている。映画はフィクションであり、現実の世界、スピリチュアルな世界のほんの一部を描き出すものにすぎない。しかし、人生の最後にオデッサは立ち上がり、映画館を出た。そこでは神である太陽の光――これこそが光だ――が、目がくらむほどに輝いていた。

神の愛と現存とはそのように私たちの間に顕現する。

神学校を卒業したとき、私は福音に対するいたって単純な考えを携えて牧会に入った。その福音を、短い聖句に従って示し、「キリストはあなたがたのために死に、よみがえられた」と説教した。私は、その同じメッセージを語るために、たとえや巧みな言葉を駆使して人々をあっと言わせることが自分の仕事だと考えていたが、実際にはうんざりさせているだけだった。「あなたがたのために死に、よみがえられたのです」……おいおい!

そんな決まりきったやり方は、ほとんどだれの助けにもならなかった。

近隣の人々を愛し、その中で生活し、貧困の苦しみが実際どのようなものであるかを体験することが、私を十字架へと導いてくれた。鞭打たれたイエス、この世から蔑まれたイエス(この世が、貧困は貧しい人々自身の責任であるかのように非難し蔑むように)、貧しく見捨てられた人々を愛されたイエス、十字架の上で悲惨な死を遂げられたイエス、イエスこそ、彼らの苦しみを知っており、それゆえ彼らの救い主なのだ。そして十字架。それはよみがえられた羊飼いの十字架であり、私はオックスフォード郊外でそのお方と出会った。

イエスは、喉を鳴らして羊たちを呼ぶ農夫だった。私が人々を導くのはこの十字架に向かってだ。なぜなら、この悲しく、しかも栄光に満ちた出来事、これこそが福音なのだから。貧しい人たちに真に自らを献げたことのない人々には、貧しい人々が、できることなら仕事をしたいと、どれほど願っているか知る由もない。貧しい人々もまた尊厳を渇望している。社会的に恵まれない人々は仕事を求める列に並んで半日立っていなければならない。収入のないまま何時間も何時間も。彼らには、悪徳経営者を相手に争ってくれる弁護士もいない。警察は当然のように彼らを犯罪者とみなす。成功者たちは彼らを怠惰だという。

「自力でなんとかせよ」——確かに。しかし富んでいる人であれ貧しい人であれ、助けなしにそんなことができる人を私は一人として知らない。寄りかかるものが何もないのに、ただ自分の靴をつかみ、自らを宙に持ち上げることのできる人がいるだろうか？　イエス・キリストは自分の十字架を運ぶことさえできなかった。

「メネス（脅迫）」という名の銃を持ち歩いていたあの海兵隊員の生き方は、だれかが彼を指導しないかぎり、改めることはできないだろう。

グレース教会がその扉を閉ざすべきか否か決定を下すまでの間、教会員たちは主がなぜ彼らをスラム街に置かれたのかについて学んだ。彼らは虐げられた人々に仕えるためにそこにいるのだということに気づいていった。そしてグレース教会は、彼らの助けとなり、その支えとして自分たちの肩を貸すことを誓った。

そこで、私たちは「恵みの働き」（The Mission of Grace）という活動を始めた。私たちは安易な道に抵抗するだけの賢明さは持ち合わせていた。つまり、施しはしなかった。レストランや食料雑貨で利用できるサービス券の配布もしなかった。彼らの問題に対する「彼らの」解決を受け入れることもしなかった。そうではなく、私たちはその問題を自分たち自身で評価し、長期的な解決を見いだしていった。そして一括購入の方法や、お金をかけずに調理する方法を教え、わずかな収入をいかに計画的に使うかを示した。家の掃除を助け、グリーティングカードを送った。

この活動を支えるため、私はリディーマー教会へ足を運び、羊と山羊について語り、王なる神が、空腹の者や渇いている者に食べさせ、旅人をもてなし、裸の者に着せる人を称賛してくださること――なぜなら飢える者、渇く者、旅人、裸の者はすべてイエス・キリストその人であるから！――について語った。

私は、隣人の中にイエスを見いだしてほしいとリディーマー教会の人々に願い、彼らは賛同してくれた。しかし教会の人々は、自分たちが出資するお金については自分たちで管理したいと望んだ。そのお金はこれとこれにのみ使用してもらいたい、と彼らは言った。「恵みの働き」への出資を申し出ておきながら、その金を手放そうとしないかのように。ノブレス・オブリージュ〔訳注＝Nobless oblige　貴族や上流階級に生まれた者には、社会に対して果たすべき責任が重くなるというフランス語の格言〕。自分たちは貴族の地位にとどまり、貧しい人々は小作人のままにしておくつもりだった。

もちろん、リディーマー教会のメンバーすべてがそのように考えていたわけではないし、最終的には、与えるということは、完全に与えることであり、それをどう使うかの決定は贈り物を受け取る側に委ねられるという私の説明を受け入れてくれた。ルカは次のように書いている。


信者となった人はみな一つになって、一切の物を共有し、財産や所有物を売っては、それぞれの必要に応じて、皆に分配した。（使徒二・四四―四五）

娘メアリは、しかし、私の説教によっては慰めを見いださなかった。彼女は私の背後の祭壇の上にあるステンドグラスを凝視し、にらみつけていた。彼女にとって、イザヤや預言やキリスト教会における真理とは何だったのだろう？　彼女にとって天国とは何だったのか？　何の価値もないものだった。オデッサだけが意味あるものだった。オデッサだけがとても大切なものだった。オデッサには触れることができたし、愛することもできた。しかしそのオデッサは死んでしまった。

オーク・ヒル墓地で、人々は大きなコートに身を包み、震えながら棺の周りに立っていた。空は暗くどんよりしていた。メアリのむっつりした態度に注意を向けながら、私は塵はまた塵に戻るという箇所を読んだ。朗読の口調は説教の中でもことに重苦しかったが、私はそこに約束された喜びのメッセージを込めた。

私たちが墓から車のほうへ歩いて戻って来るとき、メアリは私の袖を引っ張り、非難を込めて言った。「ほらね、雪が降ってる。」　実際、軽い粉雪が乾いた草の根本を白くしていた。


その午後、メアリは顔を下にベッドに横たわっていた。

「メアリ」と私は声をかけた。「もう一人のメアリを呼んで来ようか？」

たまたま彼女は、その夜、教会のページェントで処女マリアの役を演じることになっていた。

「いいえ」と彼女はいくらか力をこめて言った。「私がマリアよ。」（訳注＝「メアリ」は「マリア」の英語読み）

私たちは暗闇の中を教会まで車を走らせた。歩道に雪が三センチほどふんわり積もっていた。車が過ぎると、それは背後で悪魔のような渦を巻いた。そして街灯の下の薄汚れた円錐標識の中に落ちていった。

教会は光と雑音に満ちていた。朝の葬儀の低いささやき声に代わり、騒がしく大きな音がしていた。会衆は互いに挨拶を交わし合った。大人たちは集まって立ったままおしゃべりしたり、笑った口を手で押さえたりしていた。子どもたちはバスローブ（羊飼い）や白い聖歌隊のローブ（天使）を着て、大人たちのそばを素早く通り過ぎた。

しかしメアリと私は、この嬉しそうな仲間たちの間を亡霊のように移動していった。まもなく音がやんで静かになった。小さな役者たちが自分の持ち場についてうずくまった。私は右手の会衆席の前から二列目に腰を下ろした。会堂の照明が暗くおとされる一方、講壇は明るいまま残された。ページェントが始まった。

六年生の少年が説教壇のほうに歩み寄ると大声で言った。「恐れることはありません。見なさい。私は、大きな喜びを告げ知らせます。今日ダビデの町で、あなたがたのために救い主がお生まれになりました。この方こそ主キリストです。」

天使たちは前に歩み出ると、クスクス笑い、空気をかくように指を動かして、大人たちに挨拶をした。そして「グローリア」を歌い、もとのようにうずくまった。

二人の子どもが木の飼葉桶を運んで通路をやって来た。後ろをヨセフとマリア（二人のメアリ）もやって来た。娘のメアリはおしめをした柔らかな黒い人形を抱いていた。飼葉桶が所定の場所に置かれると——そこはまさにミズ・ウィリアムズの棺桶が置かれていた場所だった——娘は幼子イエスの髪をつかみ、飼葉桶の藁の上に幼子を置いた。それからひざまずき、下唇を突き出した。

ヨセフは彼女の後ろに立っていた。まじめな大工だ。

羊飼いたちは走り寄って、イエスに向かって笑いかけ、牛のようにモーと鳴き、山羊のようにメエーと鳴いた。

私はメアリが人差し指を出して人形を突くのを見た。彼女は、急に何かを決心したかのように、だしぬけに人形イエスの足先を布巾か何かのようにつかんで引っ張り出すと、立ち上がり、講壇を出て行進し、私の小さなオフィスに入って行った。

人々は低く心配そうな音をたてた。ページェントはぎくしゃくした雰囲気になり、ピアニストは演奏をやめた。

私は拳をかみ、娘のもとへ行って、彼女を抱き、すべての悪しきものから彼女を守りたいと切望した。

その子はすぐに手ぶらで現れた。彼女はスキップして——スキップ！——階段を講壇のほうへ上がってひざまずき、暗闇の中に私を捜そうと横目でちらりと見た。

これでぎくしゃくした雰囲気は一蹴されてしまった。

すべての子どもたちが集まり、すばらしいハーモニーで歌を歌った。

　世界に告げよ　　野を越え山こえ
救いの君は　　来たりましぬと　（讃美歌第二編一七二）

講壇の照明が暗くなり、ロウソクの火が会衆席のメンバーからメンバーへと灯されていった。それから会衆の黒人の深い声が、子どもたちに加わった。

きよしこのよる　星はひかり
すくいのみ子は　まぶねの中に
ねむりたもう　いとやすく

三番はディー・ディー・ローレンスの声が舞い上がった。

きよしこのよる　み子の笑みに
めぐみのみ代の　あしたのひかり
かがやけり　ほがらかに

車で家に戻る間、メアリは私に背を向けて座っていた。雪がフロントガラスを軽く横切り、私たちを真綿の中に閉じ込めた。

メアリが言った。「パパ？」

「なんだい、メアリ？」

「パパ、飼葉桶の中にいたのはイエスさまなんかじゃなかったわ。ただの古いぼろ人形よ。」

現実主義者の目を持つ私のメアリ。死は厳しい真実の姿を彼女に現したのだ。

「パパ？」

「なんだい？」

「飼葉桶はからっぽだったわ、イエスさまが上がったり下がったりたりたりするせいで。イエスさまはここで生まれて、急に天国に行っちゃった、そうでしょ？」

「そうだよ。」ああ、娘が再び嬉しそうに話すのを聞くのはなんと幸せなことだろう。

「パパ？」

「なんだい？」

「あの箱の中にいたのはミズ・ウィリアムズじゃなかった。ただの大きな人形。イエスさまは急に天に上って行っちゃった。ミズ・ウィリアムズもイエスさまと一緒に上って行ったのね。」

神学校は私の訓練の場だった。しかしグレース教会は私の教師だった。恵み（グレース）により私を美しく成長させてくれたのだ。

第14章

何年か経つと、会衆席から人が溢れるようになってきた。はじめのうちは通路に折り畳み式の椅子を並べていたが、最終的には礼拝を二回行わざるを得なくなった。その礼拝の間、人々は思い思いに祈りを声に出してささげ始めた。その祈りが情感のこもった長いものだったにもかかわらず、また、以前より礼拝の時間が長くなったにもかかわらず。白人たちも教会を訪れるようになった。

「恵みの働き」は古い牧師館を拠点に活動していたが、私のオフィスもそこに移すことになった。私は快適な椅子を二つ購入し、そこでカウンセリングを行った。

牧師先生、聞いてくださいよ。見てくださいよ。

聖霊によって、私は何度も何度も繰り返し、グレース教会の黒人会衆を通して教えられた。そうして、説教の中で物語ることの価値を学んでいった。

説教の時は緊張したし、それは今でも変わらない。

土曜日の夜はほとんど眠ることができなかった。日曜日は早朝——だいたい午前五時ごろ——に起き出し、まだ暗いうちに車で教会へ行った。そして教会の通路を行ったり来たりしながら、何を話すかを考え、その考えを順序立て、頭から言葉を絞り出した。そして東側のステンドグラスに朝の光が届くまでに何度もトイレに行った。私にとって説教はひどく苦痛だった。聖書が伝えようとしていることを損なわないかという恐れだけでなく、「聴衆」の前にひとりで立つことにも身震いした。原稿を見ないのが私の習慣だった。

こうして初めてのイースターの朝を迎えた。

おそらく礼拝の一時間ほど前だったろう、子どもたちが姿を見せ始めた。四歳から一二歳までで、親は一人もいっしょにいなかった。子どもたちは教会の中で笑ったり、大声をあげたり、怒鳴ったりして、私の集中力を途切れさせた。

とうとうどうしようもなくなり、私は、幼児も十代の子どもたちもみんな礼拝堂に集め、座るように言った。彼らは言うとおりにすると、私のほうを見て、おしゃべりをやめ、にこにこしながら、何が始まるのか……と期待して待った。

そう、私は夜ベッドの中で弟に物語を語り聞かせていたものだ。学校ではフィクションを作り、教師たちは私を見つけると、それを「つくりばなし」と呼んだ。長い間、私は物語を書いていた。それで賞をもらったこともある。それゆえ、私の頭にひらめいたのは物語だった。イースターの受難物語以上の物語があるだろうか？

話は「最後の晩餐」の場面から始まった。イエスは弟子たちとともに座り、食事をしておられた。ペテロは袖なしの服を着て、子羊の肉を頬張っている。その顎ひげに油がしたたっている。「しかしイエスは」と、私は子どもたちに語った。「悲しげだった。」そして悲しい表情を作って見せた。子どもたちも同じような表情になった。子どもというのはその場の雰囲気にすぐに反応する。たとえその理由がまだ分からなくても。

ヨハネが言った。「どうなさったのですか？」ヨハネは自分の頭をイエスの肩にもたせかけられるくらい近いところにいた。

イエスは言われた。「わたしを裏切る者がいる。」

さて、イエスはこの物語の主人公だ。もちろん、子どもたちは顔をしかめていた。さらに悪いことに、イエスは弟子たちに、その裏切り者はご自分の友人の一人であること、いま共に座って、共に食事している仲間の一人であると告げた。

「私ですか？」とペテロは言った。「主よ、私に限ってそんなことはありません。おい、ヨハネ！　それがだれか主に尋ねてみろ。」

イエスは答えて言われた。「おまえではない。それはユダだ。」

そう、ユダがその悪者だったのだ。ユダはすぐに立ち上がると、そっと夜の闇の中へ出て行った。

私は物語を続けた。イエスは死に向かっておられた。

しかし主人公は死なないものだ！　イエスはこの局面からなんとか抜け出すだろう。

ゲツセマネに着くと、イエスは地面に身を投げ出された。そして地面に爪を立てた。ぺテロはといえば、主をお守りするはずなのに、眠りに落ちてしまった。

子どもたちは眉をひそめた。ペテロもたいした奴ではなかったのだ。

イエスは神に祈られた。非情な兵士たちが彼の背中を鞭打ち、その背中に十字架の横木をのせて運ばせることになっていたから。

そこに一団の警官たちとともにユダがやって来た。警官たちが人々の中からイエスを見分けられるよう、ユダはイエスにキスをした。キスを。

それから警官たちはイエスを縄で縛ると、裁判官のもとへ彼を引きずって行った。裁判官は言った。「有罪だ！　極刑に処せよ！」

それを聞いて兵士たちはおのおの鞭を取り出した。これらの鞭には鋲がついていた。鋲はイエスの背中を血が出るまで傷つけた。それが何だというのだ、これだけでは十分でないのだ。いや、主人公は死なない。

しかし兵士たちは釘を取ってイエスの両手を木に打ちつけた。そしてイエスをはりつけにしたまま、その木を垂直に立て、死ぬまでそのままにしておいた。

語りながら、私はイエスを真似て両腕を上げた。腕を上げながら前かがみにうなだれた。そしてしゃがれ声を出した。イエスは弱るにつれ、ただぶら下がるしかなくなり、胸を締めつけられていたから。そして私は、釘も少しの間は役に立ったのだと言った。なぜならあるだけの力を振り絞って、イエスは自らを引き上げ、再び息をすることができたから。

子どもたちは呆然と口を開けていた。

とうとうイエスはもはや自分自身を支えることができなくなった。腕は肩が前に突き出すまでに広がっていた。空気が体内から出て行ってしまった。窒息だ。イエスは死んだ。

このころになって子どもたちの両親がイースター礼拝のために着飾って到着し始めた。大人たちは自分の息子や娘たちを見て、子どもたちがとても悲しそうにしているのを怪訝に思った。

喜んでいるはずなのに。イースターの卵探しはしなかったのだろうか？　探すための卵をだれも隠しておかなかったのだろうか？

あぁ、子どもたちがあんなに早く教会にやって来たのは、そのためだったのだ。卵を探すために。それなのに、今、子どもたちは困惑した表情で座っている。なぜなら、主人公は死なないはずなのに……。

自分がどんな説教をするつもりだったのか、今では覚えていない。ただ覚えているのは、私のしたことがこれだったということ、これ以外に選択肢がなかったということだ。

私は、物語の続きを語って聞かせた。マグダラのマリアも、子どもたちと同じように感じていたのだ、と。彼女は主の墓のそばに立っていた。泣きながら。そこに男が現れて彼女に言った。「なぜ泣いているのですか？　何があったのですか？」

マリアの目は涙でいっぱいで眼前がぼやけ、それがイエスご自身だとは、彼女のヒーローだとは気づかなかった。

彼女は言った。「だれかが私の主をどこかへ運んで行ってしまったのです。主を見つけたいのです。」

イエスは言われた。「メアリ。ハーマン。ディー・ディー。ティミー。」

この声を聞いてマリアは喜びに跳び上がった。今こそ分かった！ 主は墓からよみがえられたのだ。主は生きておられる！ そう、これが本当のイースターだった。

聖霊は私にどう説教すればよいかを教えてくださった。物語によって語るのだ、と。

これがスラム街の人々に最も良く耳を傾けてもらえる方法なのだ。彼らはニュースを読もうとはしない。しかし自分が経験したことは覚えている。そしてこれこそが物語の力なのだ。上手な語りは、彼ら自身が物語の中の登場人物であるかのように、聴衆を話の中に招き入れる。物語によるイマジネーションの世界が聴衆を包むのだ。そしてしばし、彼ら自身その世界の住人となるのだ。

かつて黒人の説教者がこう言うのを聞いたことがある。「今日の私のテキストは……聖書です。」 そして彼はアダムとエバに始まり、イエスまでの物語を語った。

「低いところから始めるんだ」とも、その説教者は私に言った。「低いところから始めろ。高く上れ。そして腰を据えるんだ。」

ある高齢の男性が、私の看取りのもとで息をひきとった。アーサー・バイアスという名の文字どおりの大男だった。

私は、彼の妻ムゼッタと息子アーサー・ジュニア、そして私の家の向かいに住む彼の友人たちと祈るため、病院へアーサーを訪問した。

そのころ、私は『牧師必携』という本から、形式的な祈禱文を唱えていた。

「全能の永遠なる神、愛する天の父よ、アーサーを慰めたまえ。強めたまえ。あなたの大いなる恵みにより支えたまえ。すべての苦しみ、悩みより彼を助けたまえ。あなたの恵みのうちに解放したまえ。あなたのみもとへ、あなたの王国へと――」

ここでムセッタが「アーメン」と大声をあげ、私を祈禱書から吹き飛ばしてしまった。にわかにそれぞれが一斉に「イエスさま、イエスさま！」と声をあげた。

そのあとは、神学校で学んだとおりに祈ることがまったくできなかった。ここで私はこれまでとは異なる祈り方を教えられた。人々が共鳴する掛け合いによって私の祈りを支えてくれていることに信頼を置きながら、定められた文言ではなく、心からの祈りをささげたのだ。

生前、アーサーは平和の輪の中に私を包んでくれた。

「先生、あしたの朝、釣りに行かないか」と彼は言ったものだ。

多くの人々が怒りを抱いていること、ことにほかの人々がその怒りの矛先が自分たちに向いていると感じていること、そのことを知るためにスラム街に住む必要はない。おそらくこの世界は以前よりも怒りに満ちており、その怒りを容易にぶつけられる場所を探しているのだろう。人々は以前ほど満足していないのだろうか？　怒るに早く、赦すに遅くなっているのだろうか？

　ある夏、近隣のプールがずっと水を抜かれ、鍵がかけられたままになっていることに、私たち牧師が苦情を申し立てたことがある——他の地域の子どもたちはプールで水遊びをしているのに——。そのとき、ある市民が新聞の編集者にこのような手紙を書き送った。

「もしもあなたがたが自分たちでプールの管理を行い、清潔に保つのであればいいでしょう。子どもたちのためにプールを開放してあげましょう。」

　単純に友情と呼べるものはどうなってしまったのだろう？

　アーサー・バイアスは低い声で話した。大きな顎をして、ゆっくり大股で歩き、白い髪を短く刈り込んでいた。退職前、アーサーは警官だった。

　彼は底釣りをした。それで私もつきあうことになった。浮きから釣り針を沈ませるのにさほど手間はかからなかった。泥の上ほんの数センチほどのところに餌にする地虫を垂らせばいいのだ。あるいは彼が自分の庭から掘り出してきたミミズを。あるいはコオロギを。ナマズをベーコンで釣ったこともある。少量のチーズでアメリカナマズを釣ったことも。

　釣りの間、アーサーは芝生用椅子に座っていた。パイプに火をつけ、目を細め、長い間、静かに何も言わずにいた。ハエのブーンという音が私たちの脳の働きを弱めて、眠気を誘った。単純な人生は良いものだと彼は深い息をついた。

アーサーは、鼻みず混じりのいびきの音をさせながらまどろんだ。魚が糸を引くと目を覚まし、眉を上げ、糸を巻いて夕食の獲物を釣り上げた。それから巻き舌で話すのだった。その声は私にとって祝福の祈りだった。彼の人生は平凡だった。それ以上を望むことは決してなかったが、彼自身は十二分に満足していた。彼は親切だった。

「あー」と、彼は大きな鼻から響くようにつぶやいた。「勤務用リボルバーの引き金を引いたことは数回しかない。ほとんどの場合、必要なかった。別の方法で気持ちを伝えたんだ。」

彼は受け持ち区域である街の中心部を歩いて巡回した。革靴が歩道にこつこつと音を立てた。彼は人々を――借家人も、家主も、店主も、ごみ収集人も、ショットハウスの住人たちも、プロジェクトに参加している人々も――名前で呼ぶことができた。人々を、その母親の膝の上にいた幼い子どものころから知っていた。

アーサーは道義をわきまえ説得に努めた。大男であることの特権と、警官のバッジを利用して。銃――憤怒と死をもたらすもの――を使うのは、彼に向かって銃の引き金が引かれた時だけだった。

「教えてやろうか」と、川にちらりと目をやりながら彼は言った。「脚の長い少年たちや、ガムをくちゃくちゃ嚙んでる女の子たちだって、おれの言うことには耳を傾ける――母親のためにな。あー、はは、そうさ！　ふー。母親だって、おれが頼めば、子どもが急いで家に帰ったとき、柳の鞭でおしおきしてくれる。なぜって、おれたちは、教会で歌ってた子どものころからの知り合いだからな。」

「そうさな、おれは、少年たちがおれのことを好きだろうが嫌いだろうが、気にしない。でもさ、教えてやるよ。奴らはおれのことが好きなのさ。」

アーサーは、深く座って芝生用椅子の背もたれとお尻の部分を膨らませた。この男は街に文明をもたらしたのだ。彼は、肩を上げ、腹を揺らしながら笑った。私にはそれが地球の中心にあるマントルが応答しているように感じられた。

アーサーは、ディーコネス病院で死の床についていたとき、さやまめが食べたいと言いだした。その一番おいしく食べられる調理方法は、ベーコン油かゆでたソーセージと一緒にはじけるまで火を通すことだと説明した。

彼が食べ物のことを語るときは、自分が受け持つ地区の人々、あるいは自分の妻について語るときと同じくらい愛情がこもっていた。人も食べ物も彼にとってはすべて同じで、すべてが満ち足りていた。持っているものを彼はいつくしんだ。持っていないものは、神が与える必要なしと判断なさったのだ。

最後にアーサーは天井の隅に向かって目を上げた。「ムゼッタ」と彼は低い声で言った。

「残念ながらおまえには見えないんだな。あれはおれのおばあさんだ。こちらを見て、おれが故郷に戻るのを待っているよ。」

「先生、あしたの朝、釣りに行かないかい。」

眠たげな川べりの長い午後は、エデンの園に劣らなかった。アーサーはアダムで、信仰は平和。そして私は彼の庭の中を歩き回った。

信仰による平安というものがわかってきたのは、教団での争いの最中だった。

私はその平静さを、異端者として解雇された教授たちや、教団の名簿から名前を抹消された人々の表情のうちに見て取った。

サーンと私はシカゴ郊外で開かれた集会に参加した。一番の懸案事項は次の二つだった。

一　少数の教会で、どのように「追放中の神学校」に資金提供し、それを支援するか。学生たちはルーテル・ミズーリ教団の教条主義的な神学校（the Missouri Synod's doctrinaire seminary）を去り、教授たちは解雇されてしまっている。

二　その少数の教会でルター派の新たな団体を組織すべきか？

この集会には、もちろんのこと、セミネックスの教授たちも顔を見せていた。

会議は明るい希望に満ちたもので、期待していたよりも多くの人々が集っていた。

たまたまサーンと私は、四人の男性が乗っていたエレベーターに乗り込んだ。扉が閉まり、私は周囲を見回した。この四人は神学博士で、自分のオフィスと住居から強制退去させられた教授たちだった。彼らは将来のことは何も分からないままそこを出て行ったのだ。にもかかわらず、彼らは完全なる平安のうちに私たちの横に立っていた。その顔には信頼があり、恐れがなかった。それまで私は、これほどはっきりと具現化された信仰を見たことがなかった。

私は彼らの中の一人であることに心動かされた。最終的に、私たちは自分たちの教団を新たに立ち上げることにした。ＡＥＬＣ（the Association of Evangelical Lutheran Churches）がそれである。

私たちは始まりの歌を歌った。

いともとうとき　主はくだりて
血のあたいもて　民をすくい
きよき住居（すまい）を　つくりたてて
そのいしずえと　なりたまえり　（讃美歌一九一）

アーサー・バイアスは私をもう一段高いところに引き上げてくれた。彼は穏やかに自分の信仰を私と分かち合い、私を平和の仲間に入れてくれた。

リディーマー教会での任期を終えてから、書き続けてきた小説の原稿――タイトルは『ブック・オブ・ザ・ダンカウ』だった――は、ついにハーパー&ロー社に受け入れられ、一九七八年に出版された。一九八〇年にはペーパーバックになり、おかげでサーンと私はかなりの印税を得た。そのうえある篤志家が二〇〇〇ドルの銀行小切手を送ってくれた。

そのお金で私はトヨタのグリーンの小型トラックを購入した。

グレース教会と近隣の人々のために全精力を傾けるため、街の中心部に家を買うことも今では可能だった。そこで物件探しに出かけた。

見て回った家々はどれも私たちの予算をはるかに超えていた。

そのうちある新聞広告が目に留まった。連邦政府の出資によって地域の家々がいかに快適に改修され得るかを示すため、市がある家をモデルルームのために完全改装したのだが、その家がオークションにかけられることになったのだ。

新聞記事によれば、入札されるということだった。

経済的に厳しかったので、私たちは自分たちにできる金額――五〇〇ドル――で入札した。もちろん入札で獲得するには低過ぎる額だった。

　しかし、大学院一年のころ、私が見失ってしまったと思い込んでいた神は、決して私を見失ってはおられなかった。

　一か月後、市から電話がかかってきた。家が私たちの手に落ちたのだ。「実際のところ」と電話の向こうの声は沈んだ調子で言った。「あなたがたが唯一の入札者だったのです」と。

　その家は二階建てだった。二階にはベッドルームが四つあり、各階に冷暖房設備が備わっていた。一階は豪華で、暖炉のある広い居間があった。なんと玄関ロビーまで。それから台所、小さな食堂、広々したダイニング・ルーム、家族団欒の部屋、バスルームが二つ、地下室、窓のある広いフロント・ポーチ。神はなんということをなさるのだ！

　グレース教会の会員たちが私たちの引っ越しを手伝ってくれた。男性たちはトラックを運転してくれた。女性たちは窓を洗い、古い埃を払い、家の中を概ねきれいにしてくれた。その間、ずっと歌いながら。通りの向こうには図書館、東にはテニスコートと市の公園があった。

　家は教会からほんの五ブロックのところだった。

　もちろん難点もあった。

　マットの自転車がポーチから盗まれた。

夏の夜には若者たちが図書館の前に車を停め、大型ポータブルラジカセの音量を上げて、私たちの家に向かい轟くようなリズムを響かせた。人々はダンスし、叫び、笑い、賭け事をし、マリファナを吸った。

あるときなど、ある女性が別の女性に向かって銃を発砲し、スカートを太腿までまくり上げて全速力で走り去るのを、末娘が表の芝生に立って見ていた。幼いタリサはショーを楽しんでいた。

「戻って来い、あばずれ！　あんたを殺してやる！」

私は娘に駆け寄ると、抱き上げ（娘には訳（わけ）が分からなかったが）、急いで家の中に入った。

シェリル・ローレンスは自分の友人を教会のオフィスに送ってよこした。私がその友人を〝まともにする〟ことができると信じて。

女性の名前はリタ・クックシーといった。彼女はかつて自分の恋人だった男性に非常に腹をたてていた。

リタは、夕暮れのように美しい女性だった。すらりと背が高く、すっきりとした小顔に、磨いた胡桃（くるみ）のような肌の色をしていた。

彼女が訪れたのは黄昏時だったように記憶している。

リタは自己紹介をして、自分の話を終えると、激しい怒りをあらわにした。そしてハンドバッグから小さなピストルを取り出した。その恥知らずを撃つと固く決心していたのだ。しかし彼女は主のご命令をも信じていた——そして最終的にはその命令に従った。

一か月ほど経ったころだったと思うが、リタは、私が教えているクラスに加わった。そのクラスは、教会メンバーになることを希望する人々のために開いていた。

クラスにはフィリップ・ローレンスがいた。

リンダ・ハドソンもいた。リンダはエバンスビルにいる家族のもとへ引っ越して来たばかりだった。リンダは、ミルウォーキーで黒人至上主義運動に身を投じる男たちのための隠れ家を持っていたが、女性に対する男たちの性差別に苛立ち、隠れ家を閉め、故郷に戻ってきたのだった。

リタはグレース教会のメンバーとなった。聖書の熱心な学習者にもなった。同時に、彼女は主イエス・キリストのまったく新しい呼びかけを感じるようになった。たびたび、ある特定の聖句が彼女に立ち現れてくるのだ。つまり、印刷された言葉が太い黒字で立ち上がってくるように見えるのだ。

彼女はキリストの仲介者ででもあるかのように、そこで見たことを残りの私たちに伝えてくれた。

そのうち、私は陰口が会衆を惑わしていることに気づき始めた。

祭壇奉仕会（Altar Guild）と忠実会（Semper Fidelis）という二つの女性グループがあり、それぞれが互いに敵対心を募らせるようになった。敵意は互いを中傷し合うという形で表現された。私は彼女たちを変えることに匙を投げた。

しかし神は私を神の任務に戻るようにと叱咤した。

私は聖書の教えを一年かけて日曜日ごとにシリーズで説教するのを常としている。最初の半年間は、キリストの生涯をたどって福音書を学び、後半の半年は、キリストの奇跡、癒し、そして彼の教えに関心を向ける。同時に弟子たちによって書かれた書簡の前書きと約束についてあわせて話をする。

女性たちの中傷を改めさせることに無力感を感じていたとき、書簡の次の言葉に目が留まった。

律法全体は、「隣人を自分のように愛しなさい」というこの一句によって全うされるからです。（ガラテヤ五・一四、新共同訳。原文は英欽定訳）

あぁ、私に選択肢はないのだ。私は、彼らの罪をあらわにする説教を行って、十戒の五番目の戒律〔訳注＝カトリック、ルーテルでは「殺してはならない」〕を破っていることを告発する運命にあった。私は彼らのエレミヤとなる召しを受けたのだ。

一週間、私は愛する者を傷つけるだろうという思いに苦しんだ。眠ることができなかった。食事は砂を嚙むようだった。我が子に吼えかかることで私自身が罪を犯したのではないかと、今も恐れている。
日曜日の朝には汗が背筋をつたい続けた。
しかし私は、自分のなすべきことをした。次のように説教したのだ。

言葉には人を殺す力があります。うわさ話はナイフと同じくらい暴力的です。たとい面と向かって相手を怒らせないとしても。むしろうわさ話はその人の評判を傷つけます。中傷を受けた後、その人は社会の中で自由に動くことができなくなります。人々はその人の存在を疎ましく思うようになり、不快感を持つようになります。

ある人が部屋から歩み出るとしましょう。彼女のいない間、その部屋では他の人々が彼女の性格についてあれこれ悪口を言い合うのです。そして話題の人が部屋に戻って来たとしたら……。にわかに、彼女はもはやそれまでの彼女ではなくなっています。他の人々は彼女を軽蔑の目で見ています。彼女は軽蔑されるべき者として新たに存在することになります。かつての彼女は殺されてしまったのです。

同じ日曜日の聖書の教えは赦しについてだった。私はそのテーマに固執した。ルカの福音書九章五一節以下だ。

人々がイエスを受け入れなかったとき、弟子たちは言った。「主よ。私たちが、天から火を下して、彼らを焼き滅ぼしましょうか。」　これがキリストの謙虚さを拒む者に起こることだ。しかしイエスは振り返り弟子たちを戒められた。「まもなく」とイエスは言われた。「わたしは火を自らの上に掲げるだろう。そして人々はわたしを十字架につけて殺すだろう」と。

イエスの死――人となられた言葉の死――は、中傷的な言葉で他人を殺した人々が受けるべき死の身代わりなのだ。

そして私は大声で赦しを叫んで説教を終えた。

私はほっとして溜め息をつき講壇に腰をおろした。私は神がお命じになったことをなしたのだ。

礼拝後、私は地下の共同ホールへ降りて行った。

台所のドアの後ろに女性たちが何人かいて、私の説教について話をしていた。ドアに割れ目があったので私にも聞こえてきた。

「牧師先生、どうしたんだろうね？」と彼女らは言っていた。

「さあね、分からないね。」

「ご機嫌斜めなんだろうよ。」

だとしても、たといそうであったとしても。

私は、失意の中にいる人々のカウンセリングをした。彼らは挫折したまま去って行った。またカップルのための結婚カウンセリングもした。私は、二人を支えるのはロマンチックな愛ではないこと、公の誓約こそが共同生活の試練を通じて二人の結束を強めてくれることを語った。また、自尊心は傲慢で、相手が与えられるもの以上のものを要求することを語った。罪はすぐに痛みの原因となるだろう。そして言った、その時こそ、イエスが結婚に参入してくださる時である、と。懺悔と赦しによって。そしてその力は主が与えてくださる。

しかし彼らはにこやかにうなずき、指を絡め、自分たちの愛は、私の知る愛よりも強いとお互いにささやき合った。

私はぜひとも電話をくれるよう彼らに頼んだ。二人の結婚式を挙げるつもりだった。彼らが困難にぶつかったときも、その結婚を支えたいと願っていた。

彼らは自分たちには関係ないというようにオフィスを去って行った。結婚式で彼らは泣いた。私は微笑んでいた。

私はまた、結婚生活が冷えて離婚を協議しているカップルのカウンセリングもした。もしも虐待があった場合は、虐待者と最も熱心に関わった。虐待者である夫は主の前に、私の前に、自分の妻の前にへりくだり、赦しを請わなければならない。また妻には、赦しがいかなるものかを説明した。

夫は必ず過ちを認めると断言してオフィスを去った。

「自分を低くして赦しを請えますか？」と私は尋ねた。

「私はつまらない人間です」と彼は言った。「信じてください、牧師先生。」

一週間もたたないうちに彼はオフィスに戻って来た。

「次は彼女の番ですよ」と彼はとげとげしく言った。「私は謝ったが、何も変わらない。」

数日後、妻がすすりあげながら私たちの家に走って来た。彼女の目の下は黒く腫れ上がっていた。あわてて逃げ出して来たため、家に残してきた赤ん坊のことをとりわけ心配して恐れていた。

私はサーンに世話を頼み、彼女の家までの短い距離を歩いた。緊張のためその道のりをとても長く感じながら。

彼女の夫、赤ん坊の父親は、私がノックしても応えなかった。しかしドアが開いていたので、中に入って行った。彼は赤ん坊を腕に抱いていた。赤ん坊をよこすよう彼に頼んだ。彼は赤ん坊を私に預けた。それは私の職務であった。牧師としての。

ある夜、少年が電話をしてきた。父親と兄が喧嘩をしている、来てくれ、と言う。

職務だ。牧師としての職務だ。

私はオフィスに一人、意気消沈して座った。

「全能なる神よ、私に何をお望みですか？」

以前、ディー・ディー・ローレンスが歌っていた歌が私の心によみがえってきた。

心くじけて　思い悩み
などてさびしく　空をあおぐ
主イエスこそ我がまことの友
一羽の雀に　目をそそぎたもう
主は我さえも　支えたもうなり　（インマヌエル讃美歌五〇〇）

私は祈った。「主よ、彼らはみな、あなたの雀たちです。あなたのものです！　彼らすべてをあなたに献げます。」

そしてかつて何年も前に祈った祈りをささげた。「私を愛してください。私を愛してください。私を愛してください。」

第16章

私たちはハイウェイ55号線を南に向かっていた。一台のバスに総勢三五名で。サウンド・オブ・グレースは一週間のツアーに出かけていた。ルイジアナ州ニューオリンズ、テキサス、アーカンソー、ミズーリ、そしてイリノイを回るのだ。他のメンバーたちは眠っていたが、私は目覚めていた。私たちは土曜日の早朝にエバンスビルを発った。最初のコンサートが前夜メンフィスで行われたので、みな疲れていた。

グレース教会には、「グレース・ノート」だけでは不十分であることが分かってきた。そこでもう一つの聖歌隊を組織し、「サウンド・オブ・グレース」と名づけた。エバンスビル大学の学生たちが私たちの礼拝に加わり始めており、自分たちが教会のために何ができるかを模索していた。

シェリル・ローレンスには分かっていた。

この学生たちと教会の青少年およびその両親たちが、すばらしいサウンドを奏でられることを証明していたから。彼らの歌うゴスペル・ソングは力強く活気に溢れていた。コンコーディアに通っていたころ、私自身、合唱団の一員として他の街や教会へのツアーを経験していたので、それがどんなものか知っていた。それで、彼らの歌声を広く人々に聞いてもらうべきだと思い、シェリルとともに演奏旅行の計画を立てた。

私は、演奏場所を探すため、何名もの牧師に手紙を書いたり、電話をかけたりして、会員に宿を提供してもらう代わりに歌を歌いたいと頼んだ。牧師たちはみな賛同してくれた。

聖歌隊がなすべきミニストリーについて、神が聖歌隊に教えてくださったのはこのツアーにおいてだった。つまり聖歌隊の使命は、白人の教会に遣わされる黒人の大使としてのミニストリーをなすことだった。

日曜日の早朝、私たちは、宿として自宅の開放を約束してくれた人々の歓迎を受けた。聖歌隊のメンバーはバスから旅行鞄とともに自分たちの長衣や楽器も降ろした。コンサート前に行うリハーサルの一時間が練習時間となった。ドラム、ベース、ピアノ。ツアーではシェリルがピアノを弾き、ハーマン・トーマス・ジュニアが指揮をした。

聖歌隊が加わって、ルーテル教会の礼拝はさらにすばらしいものになった。

牧師は私に言った。「これほどすばらしいサウンドだと分かっていたら、あらゆる教会を招いたのに。」

実際、私は彼に、この聖歌隊は飛び抜けてすばらしいのだと話してあった。しかし本当のところ、スラム街の小さな教会の私たちにどれほどの実力があったのだろうか？

すでに月曜日の夜になっており、ニューオリンズでは謝肉の火曜日（Fat Tuesday）の祝いが始まっていた。聖歌隊のメンバー、ことに若い女性たちは、飛び跳ね、安物の装飾品をつかんで、群衆に混じり散り散りになっていった。私はとても心配だった。もしも迷子になったり怪我したりしたらどうしようか？　しかし、浮かれて自信過剰になっている十代の若者たちを悩ますものは何もなかった。彼らは様々な種類のピカピカしたプラスチックの安物装飾品や、じゃらじゃらいうネックレス、あめ玉などを抱えて無事に戻って来た。

火曜日の朝、私たちはテキサス州ヒューストンに向かってバスに乗り込み、途中、ガルベストンでバスを停め、海で泳いだ。

ヒューストンでは、牧師が同じように称賛をこめた驚きを示した。「これほどすばらしいと分かっていたら……」

サーンと私と子どもたちは、その夜、牧師の家に泊めてもらった。

子どもたちが眠ってしまうと、シュタインク牧師がダラスではどこで演奏するのかと尋ねた。

私は彼に「ラスプ牧師の教会で」と言った。

シュタインクは指で唇をひねり、眉をひそめた。そして「もしかするとトラブルが起こるかもしれない」と言った。

しかしそれ以上は言わなかった。

バスに乗り込むとき、シェリル、フィル、ハーマン・トーマス、そしてサーンと私は短い打ち合わせのためにバスの前に集まった。シェリルは神経質になっていた。彼女もダラスの教会のことで警告を受けていたのだ。

私たちは祈り、神にゆだねることにした。

到着したとき、聖歌隊のメンバーは畏敬の念に打たれた。この教会は一つの建造物にとどまらず、キャンパスになっていた。石の囲いの内側には木々が優雅に繁っていた。花々が歩道に沿って植えられ、空気それ自体が良い香りを振りまいているようだった。

聖歌隊のメンバーがそれぞれいつものルーティーンに入ろうとしている間、シェリルと私はインターンの牧師（神学校三回生の学生）と面会した。彼は机の向こう側に座り、指を尖塔形に上向けていた。私たちはプログラムの説明を行った。まずジーナ・モーアが礼拝堂に入って「神はひとり子を」（讃美歌第二編一八四）をアカペラで歌いながら通路を歩いて来る。それからティミー・モーアが、ジーナの歌った同じ歌詞をテナーで柔らかく追いかける。最後に聖歌隊全員が手を叩き、ステップしながら歓喜のリズムで通路をやって来る。

インターンはからだを震わせていた。

曲と曲の間で私が物語を入れ、説教するつもりだ、と私は言った。

インターンは言った。「時間はどのくらいですか？」

シェリルが言った。「五十分か一時間くらいかしら。」

彼は理解し、うなずいてから、その可能性については首を振った。

「差し上げられる時間は最大二十五分でしょう。この日は灰の水曜日ですから。私たちの聖歌隊が歌う予定です。説教はラスプ牧師がします。その礼拝と祝禱の後でしたら、あなたがたのプログラムを上演してくださって結構ですが、長過ぎると会衆が疲れますので。」

この制約には唖然とした。音楽のほとんどをカットし、私の説教を大幅に短縮し、すべて書き改めなければならないということだ。

このとき、グレーのスーツを着た白髪のハンサムなラスプ牧師がすぅっと部屋に入って来た。彼は私たちの前を通り過ぎると、またすぅっと出て行った。一言もなく。

インターンの次のコメントには完全に頭にきた。

「歌の出番が来るまで」と彼は言った。「バルコニーに腰かけていてください。」

礼拝堂は広く薄暗い大きな洞窟のようだった。祭壇と講壇と牧師たちはそのずっと下のほうにいて、私たちはまるで一〇階建てのビルの屋根に座っているような形になる。

しかも私たちは黒人だ！

これが警告されていた問題だったのだ。ダラスに連絡したとき、サウンド・オブ・グレースがアフリカ系アメリカ人の聖歌隊だと言及すべきでなかったのだ。

インターンを机の向こう側に残して去ったとき、私は屈辱のために熱くなっていた。

シェリルが言った。「落ち着いて先生、落ち着いて。乗り切れるわよ。」

もちろん、彼女はこれまでの人生の中でずっと人種差別を相手にしてきたのだ。

私たちは四曲を選んだ。それぞれの曲の間で私はラスプ牧師の高い説教壇に上り、会衆にその目的を語る決心をした。

シェリルがリハーサルで礼拝堂に入っている間、私は図書館の中をあちこち落ち着きなく動き回った。図書館！　そう、建物ひとつがまるごと図書館になっているのだ！

突然ハーマンがドアを荒々しく開けて入って来ると、椅子に身を投げ出した。彼は泣いていた。そして言った。「ここにはいたくない。行こう。バスに乗って行ってしまおう。」

ハーマンは何があったかを語ってくれた。

リハーサルの最中、トニー・カルフーンが祭壇に近づき、倒れてくる何かを支えてつかもうとした。すると背後の暗闇から、脅すような大声がした。「それにさわるな！」

ハーマンは、そのような脅しをもたらす霊のことに精通していた。

ラスプ牧師が隠れて様子を伺っていたのだ。

「シェリルに言ってくれ。ここにはいられない、と。」

五分前には口にしなかったであろうその言葉を私に言わしめたものは聖霊だったとしか言いようがない。

私はハーマンの前にひざまずいて言った。「これから歌いに行くすべての場所の中でも、特にこの教会のために私たちは歌わなければ。」

ハーマンは言った。「どうして？」

私は言った。「なぜなら、彼らは愛を知らないから。」

私は聖歌隊に話してくれるよう彼に頼んだ。心するように、と。しかも、これは私たちにとって最も重要なコンサートであることを伝えてほしい、と。

ハーマンは出て行った。私は自分の怒りの言葉を宣教の言葉に変え始めた。「神は愛である」と。

サーンが夕食をトレーに載せて持ってきてくれた。

彼女がそれを机に置いたとき、突然、涙が溢れ出した。私は彼女の肩に寄り掛かってすすり泣いた。

それから後のこと。ハーマンと私はバルコニーに並んで腰をおろしていた。ハーマンは私を軽くつつくと、だれかが会衆席にボールペンで刻んだ文章を指さした。そこには、「説教はなんのことやらわからない」と書かれていた。ハーマンは私に向かってうなずいた。

ラスプ牧師は、十字架が答える七つの問いについて説教した。第一の問い。「あなたは罪人ですか？　あなたは赦しを必要としていますか？」

「そのとおり！」と彼は叫んだ。「あなたのすべてのプライドの上に軽蔑を注ぎなさい。」

それから、私たちの番になった。

ジーナ・モーアがすばらしいソプラノで歌いながら通路を歩いて来た。「神はひとり子を賜うほどに……」

ジーナが会堂に自分の場所を確保すると、彼女の後をティミーが同じように歌いながら歩いて来た。「神はひとり子を賜うほどに 世人を愛したもう 神は愛なり……」

私は聖歌隊に、歌うとき身体を揺らさないよう、バプテストの礼拝でするような歌い方をしないように言ってあった。郷に入れば郷に従えだ。

聖歌隊が歌っている間、私はその背後に座っていた。私には彼らの向こう側は見えなかった。説教壇は台座の上、会堂の床から四段上がったところにあった。それぞれの曲の合間で私は説教壇に上り、愛の物語をシリーズで（手短に）語った。

最初の話の際、会衆が各自席についてこの光景を不思議がっているのが見えた。二度目、人々は身体を前にのりだしていた。三度目、彼らは立ち上がっていた。

最後の歌は、『すぐに、速やかに』（*Soon and Very Soon*）だった。聖歌隊は退出し始めた。私の要請にもかかわらず、ティミーはバプテストの礼拝でするように歓喜の声をあげ、聖歌隊は手を叩いていた。彼らが通路に出て行ったとき、その理由が分かった。人々が聖歌隊のメンバーに向かって手を差し伸べ、握手し、その肩を叩いていたのだ。

最後の退出者は私だった。驚いたことに、全会衆が自分の席から列をなして私の後についてやって来た――聖歌隊のリズムに合わせ、手を打ち鳴らしながら。

彼らは控室までずっとついて来た。

「私たちにはこれが必要だったのです」と彼らは言った。「あぁ、これが必要だったのです。」

◇　◇　◇

そう、これこそ、神がこの聖歌隊をつくられた目的だったのだ。

ハーマンは言った。「神は私たちに人種差別の壁を崩すことを望んでおられる。白人たちと個人的に親しくなるために。そして白人のクリスチャンたちを愛するために。」

いともとうとき　主はくだりて
血のあたいもて　民をすくい
きよき住居（すまい）を　つくりたてて
そのいしずえと　なりたまえり　（讃美歌一九一）

白人の礼拝出席者の一人がグレース教会のメンバーになれるか思案していた。彼女は日々親切な行いを実践している年老いた女性だった。

私は彼女の希望を、次の教会の評議会の議題にした。

ほかの事案の話し合いが終わった後で、私たちはこの新たな事案に移った。話し合いを始める前からすでに、ケヴィン・ステュアートはいぶかしげな表情をしていた。

彼は言った。「これまでも白人のメンバーはいつもいただろう。違うかい？」

このコメントには驚かされた。否、かつて白人のメンバーがいたことなどなかった。設立当初からグレース教会に集っていたのはアフリカ系アメリカ人だ。牧師の何人かが白人だったことはある。しかしメンバーに白人はいなかった。

それで私は彼の言葉の意味を次のように解釈した。つまり、グレース教会は常にだれに対しても――白人にも、ゲイにも、極貧の人々にも――オープンだった、と。

彼の言葉で話し合いは終わりとなった。

評議会は投票を行い、この女性はメンバーに加えられることになった。それから一年ほど後のことだったと思うが、女性は私に、自分の考えがおかしな冗談だったのだと語った。

教会のステンドグラスの窓が汚れていると思ったのよ、と彼女は言った。（それはどういう意味だろう？　黒人たちが、彼女が思うほど建物をきれいに管理していないということだろうか？）　しかし、自分が実際にグレース教会のメンバーになるまでは、窓を洗うことはできないと考えたのだ。

彼女はメンバーとして受け入れられるとすぐ、バケツを持って来て、それを洗剤の入った水で満たし、はしごを見つけ、ガラスを容赦なくこすった。

「でもね」と彼女は私に言った。「窓は全然汚れていなかったの、ははは。そのように作られていたのね、ははは。」

それは冗談ではなく、本当だった。スラム街に住む黒人たちの自分たちでも気づいていない特性なのだ。

別の女性は、身なりの良い人だったが、同じようにメンバーになりたいと言ってきた。彼女の家族は街に新聞社を持っていた。それは代々引き継がれてきた家業だった。しかし彼女はそれを売って上流階級に仲間入りした。彼女は、自分の財力があれば善いことができるのだから、教会は両腕を広げて迎えてくれるものと確信していた。

「一年待ってください」と私は彼女に言った。「会衆があなたのために何ができるのか、それをあなたが学んだら、そのとき、メンバーになってください。」

主の御前でへりくだりなさい。そうすれば、主があなたがたを高く上げてくださいます。（ヤコブ四・一〇）

ある日、この身なりの良い女性は、ラリー・ジョンソンを訪ねた。彼は廃品をリサイクル処理するための裏庭にいた。そこはまるでゴミ捨て場だった。埋めるために集められた本当のゴミを除けば。一方、リサイクル用のゴミは、それに新たないのちを吹き込まれるために集められていた。

ラリーは彼女を心からの愛情をもって受け入れた。ごく自然に彼は彼女をハグした。彼女はそれに愛情と感謝をこめて応え、はその後一週間もたたないうちにメンバーとなった。

ミズ・アロイーズ・ストーリーの家は毎年白く塗り替えられた。その家は、鍛練、倹約、公衆衛生の記念碑だった。その緑の芝は周囲の乱雑さと著しい対象をなしていた。

ミズ・ストーリーはライン通りとカナル通りが交差する南東の角に住んでいた。ドックス酒店が何軒か離れたところで店を開いており、夜になると男たちが彼女の家の敷地のすぐ北側の汚い一角にやって来て、小便をした。

しかし彼女は自分の場所を守り抜いていた。ミズ・ストーリーは頑固な女性だった。彼女には輝かしい過去があった。彼女の夫ナット・ストーリーはかつてジャズのトロンボーン奏者として名を馳せ、イースターの早朝礼拝で——それはオハイオ川のほとりで行われていた——金色に輝く太陽がまさに地平線に光を放つのに合わせて、ガブリエルのラッパ〔訳注＝最後の審判を告げる笛を吹くという伝承の大天使ガブリエルになぞらえたもの〕を吹くのだった。

そんな過去を持つ彼女が、夫ナットと住んでいた家をどうして手放したりするだろうか。彼女が自分の家をモデルハウスとしてカナル通りに残しておこうとするのは、飲んだくれでさえ自分の生き方を変えて成功できるのだと、ただ証明したかったのだと、私には思われた。

ある夏の日、彼女は都市計画事務所から受け取った一通の手紙を見せてくれた。その手紙は、市が、ライン通りとカナル通り周辺のすべての建物を解体するため、それらを買い取る意向であることを通知したものだった。その跡地にショッピング・センターを建設するため、すでに二人のビジネスマンが選ばれていた。市は彼女の家を適正な市場価格で買い取るつもりだと通告した。依頼ではなく、通告したのだ。

彼女は言った。「私は自分の家で死にたいの。」

「この件で争いたいのですか？」と私は尋ねた。

「ええ、もちろん。」

「何か力になれますか？」

アロイーズはいつも助けを拒んでいた。自分以外だれに頼ることもしなかった。しかしこの脅しは、彼女に「うん」と言わせるに十分だった。

そのころ、私は「エバンスビル・スクリップス・ハワード新聞」（Evansville Scripps Howard newspaper）に毎週コラムを書いていた。

もし私がこのケースを公にすれば、彼女は異を唱えるだろうか？

公に。そうすれば、みんなが彼女の個人的な問題を知ることになる。

私は言った。もし、私がまず市の都市計画課にあらかじめ警告すれば、公にする必要はないかもしれない。しかし、彼らが自分たちの提言を取り下げなければ、そのときは私がコラムで市の薄情さを非難する記事を載せよう。

ミズ・ストーリーはこの計画に賛同した。

私は都市計画委員会の責任者との会合を手配した。

私は彼に、ミズ・アロイーズ・ストーリーが現在の場所に住むのを許可してほしいと、その必要性について説明した。

「ミセス・ストーリー？　だれです、その人は？」

彼は、移住計画に関係する人々の知識に欠けていた。

私は彼に彼女の住所を渡し、彼女がだれであるかを話した。職を退くまで教師をしていたこと。その前は看護師だったこと。タスキギー・インスティテュートを卒業し、ナット・ストーリーの妻であったこと。そしてその家は神をイメージして作られていること。この市の責任者はミセス・アロイーズ・ストーリーのことを聞いたこともないのだった。

「私は新聞にコラムを書いています」と私は言った。

「あのコラムは広く読まれていますね」と彼は言った。

「市が選んだ〝ビジネスマン〟は建設資金を持っているのですか？」

「なんですって？」

「彼らには支払能力があるのですか？」

「ええと、今はないでしょう。しかし一旦着手すれば、彼らは株式を売り……」

「それなら、その前に、彼女の家をブルドーザーで整地する必要はないでしょう？」

「それはそうですが……。手続きがありますから……」

「私は何も筋の通らないことをお願いしているのではありません。ただ、もし都市計画課がそれでも計画を進めるというのなら、私はこのプロジェクトを公にし、市民が同情して都市計画課に反対するようにします。待ってくださると約束してください。」

「そうですね。私に何ができるか考えてみましょう。」

ミズ・ストーリーは病気になった。彼女は自分でガレージの扉を持ち上げられないことに気がついた。私が訪問したとき、彼女は片手でしきりに何かをこする仕草をし、もう一方の手は膝の上に載せていた。エバンスビルの医者はこの症状に診断をつけることができなかった。そしてとうとう車椅子まで必要になってしまった。それで彼女はミネソタ州ロチェスターにあるメイヨー・クリニックへ行くため飛行機のチケットを購入した。

彼女は傘を携帯した。彼女いわく、車椅子で進む際、それで突いて人々を道から追い払うためだ、と。

メイヨー・クリニックの医師たちは、彼女の状態を神経衰弱と診断した。

彼女がエバンスビルに戻って来る前に、私自身、病床についていた。レントゲン検査で右肺に影が映ったのだ。ワデル医師は、手術をして右肺の下葉を切除するよう指示した。手術を待つ間、私は都市計画課から手紙を受け取った。そこには、ミセス・ストーリーの家をグレース教会に一ドルで売る旨の申し出があった。ただし、家を教会側に何区画か移動させる必要があるということだった。

その申し出は私を苦しめた。それに私は病床にあって自由に動くことができなかった。ミズ・ストーリーは闘うことを諦めていた。「自分は」と彼女は言った。「もう死ぬので。」

彼女は家を売った。

すぐに彼女も入院となった。

動けるようになると、私は彼女を訪問した。彼女は、子どものように拳をつくってスプーンを握り、なんとか食事をしようとしていた。しかしスプーンが口に届くまでに、食べ物は病院のガウンの上にこぼれてしまうのだった。

私は崩れるように椅子に深く沈み込んだ。私たちはしばらくの間、互いに見つめ合っていた。二人とも笑わなかったし、二人とも衰弱していた。

ミズ・ストーリーが言った。「因果応報さ。」彼女の顔は片方が垂れ下がっていた。皮膚はひどく蒼ざめていた。「老いをやっつける唯一の方法は」と彼女は言った。「若くして死ぬことよ。」

「彼らにね、どうやって私を横たえさせればいいかを教えてるの」と彼女は溜め息をついた。アロイーズは決して溜め息などつかない人だった。「どうやって寝返りを打たせるか、どうやって身を起こせばいいか、教えるの。私がいつも行儀よく膝を覆っているものだから、彼らは私のことを余計なことを言うばあさんだと思ってる。でも、それが私の生き方よ。知り合いの娘がいて、その子が来て、私の代わりに手紙を書いてくれる。」

「神は善なる方です」と私は言った。「神はあなたとともにいてくださる。慰めていてくださいますよ、アロイーズ。イエスの血があなたを清め、ご自分の救いのうちに入れてくださる。天国の約束を信じてください。」

彼女のどんよりした目に小さく火花が散った。

「救いがあるのかどうか分からない」と彼女は言った。

「でもイエスの愛は確かですよ。」

「おそらく他の人にとっては。」

あぁ、アロイーズ！　自分がどんな穴にはまり込んだつもりになっているのだろうか？

「私が直面したような困難はだれも知らない……」と。

「教えてください、あなたは何を信じているのか？」

彼女は次のように言って会話を終えた。「私が知っているのは、起こったとおりのことよ。」

しかしこの女性は教会の支柱だったではないか！　彼女は決してうわさ話などしなかった。行く所どこでも自分の意志を通してきた。

彼女の意志を。では神の意志は？　これだけは知っている。ミズ・アロイーズ・ストーリーはだれに頼ることも拒んできたということ。

私が慰めを必要としていると知って、メアリ・モーアが病室を訪ねてくれた。

彼女は私が受けている治療と身体が衰弱していることを気遣ってくれた。

しかし私が霊的にも弱っていることは知らなかった。

メアリは言った。「ミズ・ストーリーのことで気を落としているのね。それで泣いているの？」

私は目の上に両手を置いていた。自分が泣いていることに気づいていなかった。

「彼女が亡くなって気の毒だったわ」とメアリは言った。

「あぁ、そうだ」と私は言った。「亡くなった。」　私は親指の付け根あたりで顔をこすった。「メアリ、話してもいいかな？」

「ええ、何……？」

「何も質問せず、ただ聞いていてくれないか。」　私はベッドの端に身を起こした。テレビはばかげた番組を映していた。私は彼女にテレビを消してくれと頼んだ。

「私も残念だ」と私は言った。「人は、なぜ？と聞くだろう。」　私はためらい、そして言った。「私はアロイーズに対して罪を犯した。」

「先生……」

「何も言わないで、お願いだ。真実を話したいんだ。私は生活を呑みこむ蛇だよ。私は……」と言って、深く息を吸い込んだ。「市はミセス・ストーリーの家が欲しかった。私は彼女のたましいが欲しかった――神ではなく、私がだ――そして、この点では私はたちの悪い盗人だ。私は彼女を利用したんだ、自分の牧師としての勤めに落度がないことを証明するために。イエスがここにおられると証明するために。私は、神の恵みがすべてだと彼女を説き伏せたかった。自分自身を納得させたかったんだ、たぶん。」

私がメアリと同じ目の高さでまっすぐ彼女を見つめたので、彼女は病気で髪の乱れた険しい男から後ずさった。

「聞いて」と私は言った。「これは懺悔だ。」

「いいよ、もう」と彼女はささやいた。

「いや、良くないんだ。」

「本当にもう」とメアリが言った。「すべて――」

「私は彼女に、贈り物は買えないのだということを認めさせたかった。自分のために贈り物をくれと命じたり要求したりすることはできない。そんなのは贈り物じゃないだろう？　贈り物というのは、自由に無償で与えられるもので、何かの目的のためではない。私たちは、自分にはお返しするものが何もない、神の豊かさを得るためのものは何も持っていない、キリストの十字架の前で自分はただ惨めな敗北者であるということ、ただそのことを知って、そのことを告白して、恵みが恵みであることを知ることができる。

三日間、私は熱心に熱心にアロイーズにそのことを納得させようと努めた。彼女のために、彼女の強情さを和らげたかった。待つことがすべてだ、と私は言った。自分に対して不平を言わず、非難せず、待つこと。待つこと、それで信仰は十分なんだ、と私は言った。」

「先生――」とメアリが言った。

しかし私はやめることができなかった。「私は神に、ここに来て彼女に約束してほしい、彼女に向かって『わたしはここにいる。娘よ、わたしはあなたの主である。わたしはあなたの父であり救い主だ』と語りかけてほしいと要求した。」

そこで言葉を切った。メアリは何も言わなかった。私にとって次に言うべきことは明らかに最も難しい告白だった。

「私の懇願は頑ななアロイーズのためだ、と私は自分に言い聞かせた。だが今では分かっている。それはほとんど私自身のためだった、と。彼女が信じれば、そうすれば、私も信じることができた。成功すれば、そうすれば、結果的に私は聖職者としてふさわしい者だ、と。あぁ、私は自分自身のためにイエスという鞭でこの女性を打っていたんだ。私は、イエスで十分だと説教した。『あぁ、主イエスよ、来てください』と私は祈った。『私たちの心に来て――』」

「ワンゲリン先生」とメアリが言った。「私は頭はそんなに良くないけど、でも思うよ。先生は泣く必要があったんだって。泣くだけの十分な理由があったんだって。」

エリ、エリ、レマ、サバクタニ！

私の心の叫びは、何千何万というコオロギの中のただ一匹の鳴き声のようだった。

第18章

ステラ・マイヤーの妹マリー・ランダー（旧姓ホプキンス）は、ステラ――「オーストラリア」よりも少しがっしりして背が低かった。マリーは突然はじけるように笑うので、周囲の者を驚かせた。「ははー」と彼女は笑った。少年たちよりも大きな声で「ははぁー」と。

ある者はマリーのことを迷信深いと言うかもしれない。私自身は彼女のことを信じやすいたちと呼ぶだろう。

毎年一月二日に彼女はアルミホイルに包んだ茹でキャベツを持ってきてくれた。彼女はそれをお守りだと言っていた。その一年、私に幸運をもたらしてくれるのだ、と。私は彼女に異をとなえたりバカにしたりはしなかった。そのきらきらした小さな包みを札入れに入れ、次の年に彼女が新しい茹でキャベツを持って来てくれるまで取り出さなかった。

マリーは手による癒しを信じていた。彼女は激しい頭痛に苦しんでいた。頭痛のとき、彼女は私を捜し出し、頭に両手を置いてくれと頼んだ。私は彼女の背後に立ち、頼みに応じた。そして自分のためにもこんなに祈ることはないだろうというくらい心から彼女のために祈りをささげた。

するとと頭痛は消えるのだ。

このような癒しが本当かどうか検証することはできない。根拠はないのだ。しかし、頭痛がなくなったというこの女性の宣言を信じることはできる。

彼女の妹ステラは別の類のわざを実践していた。

ステラの娘のメアリ・モーアが、夜、低くぶつぶつとつぶやき続ける声を聞いたのは、まだ一二歳にもならないころだった。ベッドを抜け出し、こっそり台所へしのんで行ったところ、このつぶやきを聞いたのだ。戸口の柱の陰からのぞくと、母親が黒いロウソクの燃えるテーブルの前に腰かけているのが見えた。ステラは人間の髪の房を炎にかざしていた。髪はぱちぱち音をたてており、ステラは、メアリには理解できない呪文（らしきもの）を繰り返していた。

その後長い間、その時のことが心を離れなかった、とメアリは私に語った。彼女がその話題をステラの前に持ち出したことは一度もなかった。自分の心の内に秘め続けてきたのだ。

私がグレース教会に在職していた間、メアリ・モーアは自分の家族のルーツをたどろうとしていた。彼女は、出生通知と死亡記事を捜すため図書館および市のデータバンクを徹底的に調べ上げ、実際に歴史のかけらをつなぎ合わせた。そしてケンタッキー州ホプキンズビルに焦点を絞った。そこは彼女より前の世代が代々家庭を築いてきた場所だった。

まもなく彼女は夜中に幻を見た。淡い肌の色の男性が寝室の扉のところに立って、彼女を見つめていた。男はベッドの足もとに歩み寄ると、「だめだ。それをしてはだめだ」と言っているかのように指を振った。その仕草には、明かしてはいけない秘密があるかのように思われた。

メアリがなにかひどく恐れた様子で私のところへやって来たのは、それから後のことだった。幻は何を示していたのだろう？　彼女は調査をやめるべきなのか？

淡い肌の色の男は細い鼻をしていた、と彼女は言った。

繰り返すが、私はその幻が真実だったということを否定しない。この世には、説明したり否定したりするにはあまりに不可思議なことがあるのだ。

メアリは幻に従い、調査をやめた。

その年のあるひんやりとした秋の日に、彼女の大叔父が逝き、ホプキンズビルの古い家は、住む人のないまま残された。売れるものなら売りたかっただろうが、悲しいかな、その家はすっかりぼろぼろになっていた。

売りに出せるかが決まる前に、メアリと親戚の男性が遺品を調べるために車で家に向かった。

彼女が語ったところによれば、奥の部屋で作業しているとき、彼女は大叔父の化粧台の薄く幅の広い引き出しを開けたのだという。ところが手前に引っ張り過ぎて、引き出しが床に落ちてしまった。おびただしい数の銀板写真がトランプのカードのように滑り出た。

メアリは膝をついてそれらに目を通していった。

いきなり彼女ははっと息を呑んだ。震えが身体を走った。手の中の一枚は、幻の中で彼女の寝室に入って来たあの男性の写真だったのだ。

秘密が分かったと彼女は思った。この淡い肌の色の先祖は、かつて東部のある州で奴隷だったのだ。彼は黒人奴隷の女性と、その農場主である白人男性との間に生まれた子どもに違いなかった。

第19章

このようにして私は心から愛する人々の中で年月を重ねていった。それは一九七四年から一九八〇年代末までのことだ。

私は子どもたちに洗礼を授け、堅信礼を施した。彼らの告解を聞き、聖餐式を執り行い、結婚式を挙げた。毎週説教した。私が教えた人々も成長し、それぞれ子どもをもうけた。

小説を出した出版社が私に一か月の国内旅行をと申し出たとき、教会の評議会は旅行を許してくれた。ただし二週間のみで、週末には説教のために戻って来るようにということだった。

私は病気の人々を訪問した。ベッドサイドに座り、彼らの額に触れて十字を切り、すでに意識のない人には耳もとで静かに讃美歌を歌った。私は教会のポーチと通りに続く歩道の雪かきをした。会堂の横木にひざまずき、人々のたましいのために祈った。その人たちは私のケアを受けるようにと神が置いてくださった人々だ。私は彼らを苦しめようとする悪魔に対して声をあげた。彼らの墓のそばで私は諳(そら)んじている言葉を語った。

「私たちは、何も持たずに世に生まれ、世を去るときは何も持って行くことができない。

主は与え、主は取られる。主の御名はほむべきかな。涙とともに種を蒔く者は、喜び叫びながら刈り取る。」

また私は若者たちに付き添って裁判所へ、そして刑務所の独房へ行った。

ジュニー・パイパーという名の若者が、警察署の前で酔っぱらいから金を盗んだかどで逮捕された。

ジュニーは子鹿のような大きく潤んだ眼をしていた。彼の母親の家で初めてこの若者に出会ったとき、私たちは握手したが、その手が非常に湿っていてしなやかだったので、私はタオルを取りに行ったほどだった。

彼は不名誉な形で海軍を除隊していた。エバンスビルでこのあわれな若者は途方に暮れていた。そして通りをうろつき回った。彼は非行グループに混じって黙って立っていたものだ。非行グループは図書館の前で車を停め、ラジカセを鳴らし、ウイスキーを飲むなどしていたが、ジュニー自身はそのお祭り騒ぎに加わる積極性は持ち合わせていなかった――ただ、そこにいるだけだった。彼が仕事を探していたのかどうかは知らない。

彼には、暗い路地で犯罪を犯そうという気持ちすらなかった。警察官が些細な悪事を見つけて、直ちに彼を逮捕したのだった。

私は刑務所に彼を訪ねた。

ここの矯正施設では矯正はほとんど行われていない。むしろ自分を失っていくばかりだ――受刑者ばかりでなく、面会者までも。

ジュニーが収監されている二階へ行くためには、まず警察署に入る。それからダイヤルのない電話の受話器を取り上げる。すると二階のベルが鳴る。しばらくすると、だれかが応える。

「もしもし？」

「メルヴィン・パイパーに面会に来ました。私は牧師です。」

「エレベーターまで行って、待て。」

エレベーターにも上とか下とかを示すボタンはついていない。上階の守衛が電子制御でドアを開けるまでそこに立っている。

真四角な箱の中に足を踏み入れる。

待つ。

それから守衛がドアを閉めると、エレベーターはうなるような音を立てて二階へと上る。

そこでエレベーターを降りてコンクリートブロックの部屋に入る。左手は一面収納棚で、ポケットの中の物はすべてそこに預けることになっている。

部屋の向こう側、面会のため穴の開いた窓の背後には、守衛がライフルを持ち、座ってホールと各部屋を映し出すモニター画面を見ながら監視している。

面会者は、自分が聖職者であることを証明する襟の高い服を着ている。

準備が整うと、守衛が言う。「用件は？」

再度、自分がだれであるか、そして、ここへ来た理由を述べる。

「メルヴィン・パイパーと祈りたいのです。」

「待て。」

守衛は金属の扉の向こうに姿を消し、再度現れる。「こっちだ。」

守衛は小さな監房の鉄格子を過ぎ、灰色の廊下を奥に案内する。それぞれの監房はまるで蜂の巣の部屋のようで、それぞれの部屋に一人ずつが収監されている。左の壁にベッド、奥に金属製のトイレが備え付けられている。

「パイパー！　牧師の面会だ。」

そこにジュニーがいる。

彼はパンツのほか何も身に着けず床に横たわっている。頭が鉄格子のすぐそばにある。彼のアフロヘアは片側が平らになり、汚れている。

私は彼の近くに膝をつく。

「ジュニー？」

彼は空虚な顔を上げて私を見、頭を両腕の上に載せる。

「ジュニー」と私は言う。「ここで何をしているんだ？」

彼は答えない。話もしない。

それで私ひとりが話すことになる。

「お母さんが淋しがっている。お母さんに会いたいかい？」

答えはない。

私は牧師らしく振舞う。イエスの愛について語る。赦しについて語る。裁判官が何と言おうと、イエスが唯一真実の裁判官なのだから。彼はイエスのことを知っているだろうか？

十五分間彼は何も言わない。私は祈って面会を終え、惨めな気持ちで去る。

その日も、次の日も、一週間たち、二週間が過ぎても、いつも同じだ。私は問いかける。彼は答えない。

しかしその日は来た。ジュニーが頭を上げ、「話してもいいかな？」と言う。

「もちろんだとも。」

「ここでは話せない。」

私は守衛を捜して走る。テーブルのある部屋を求める。その守衛は親切で、私たちを希望する部屋に案内し入れてくれる。「十分だ」と彼は言う。「十分したら戻って来る。」そしてドアの鍵を閉める。守衛は靴のかかとをコッコッいわせながら歩き去って行く。

そこには実際、テーブルが一つと、椅子が二つテーブルをはさんで置かれている。

私たちは腰を下ろす。

私は話を聞こうと前のめりになる。彼はブロークン・イングリッシュでゆっくりと、海軍での破滅的な生活についてぼそぼそと語る。彼はコックだった。エバンスビルのどこかのレストランでコックの仕事が見つかるだろうと思っていた。しかし断られ、仕事探しをやめてしまった。

「警察署の真ん前で盗みを働くのがどんなにバカげたことかわかるか？」

しかし彼は母親ローラと自分の妹のことを話す。口調が柔らかくなる。言っていることがほとんど聞こえなくらいだ。話は本筋をそれていく。

沈黙。

守衛の戻って来る足音が聞こえる。

守衛はドアを三回ノックする。

ジュニーは怯えて立ち上がる。まるで爆弾が爆発したかのように。

独房に連れ戻されるとき、彼は私にもたれかからなければならない。

しかし、彼は話をした！　私に語ってくれたのだ！

今では彼を訪問すると、私は物語を語って聞かせる。

「ある男に二人の息子がいた。一人は財産のうち自分の相続分を今すぐ欲しいと言った。父親はそれを彼に分け与えた。すると息子は海軍に入るために出て行った。父親のもとに住んでいる間、彼の宝は無限だったが、もうそんなことはなくなってしまった。まもなく彼は自分の相続分に限りのあることを悟った。それは使い果たされ、彼は一文無しになった。金もなく、友人もなく、尊厳もなく、名前すらなくなった。彼は自分自身を嫌悪し始めた。なぜなら自分を価値のないろくでなしだと考えたから。

彼はもう一度家に戻る決心をした。しかし無一文で父親に差し出せるものが何一つなかったので、せめて父の家の奴隷にでもなれたらと願った。」

「しかしジュニー、ジュニー、彼の父親は、自分の息子がいなくなってしまったことでずっと悲嘆に暮れていたんだ。

父親は、息子が戻って来るのを待ち続けてきたんだ。できるかぎり遠くまで見通せるよう家の屋根の上に立って。

そこへ息子が戻って来た。前かがみになって道をこちらに。

父親は何をしたか？　彼は飛び降り、息子のほうへ駆けて行った。息子のそばへ行くと両腕で息子を抱き、笑い、そして泣いた。彼は言った。『さぁ、宴会だ。いなくなっていたのに見つかったのだから。死んでいたのに、今では生きているのだから。』」

「ジュニー」と私は言った。「この父親がだれだか分かるかい？　彼こそ君のお父さんなんだ。そして君の父親がだれか知っているかい？　神さまだよ。神さまが君の父親なんだ。そして神は君を愛している。」

ある日、家で仕事をしていると電話が鳴る。私宛のコレクトコールだ。電話料金を支払うか？

受けよう。

ジュニーの声が聞こえる。彼は言う。「えぇと。」

もちろん！　刑務所から電話をかけることはできない。

「ジュニー！」と私は言った。「出所したんだな！　私の電話番号も知っていたのか！」

彼は言う。「えぇと。」

「とても嬉しいよ」と私は話し続ける。「ちゃんと服を着ているかい？　シャワーはした？　元気になったかい？」

彼は言う。「えぇと。」　そして言う。「先生のことが好きだよ。」


こうしてグレース教会での日々は過ぎ、私の牧師としての日々も過ぎていった。

私自身失望を体験し、そこから信仰に導かれたので、ジュニーの失望と貧困の絶望感がどのようなものであるかに思いを馳せることができた。

それゆえに熱心に祈りもした。

私は本の出版も続けた。おそらく私の本を実際に読んでくれたのはリンダ・ハドソンただ一人だけだったが。しかしメンバーこぞって自分たちの牧師が名をなすことを誇りに思ってくれた。なぜならそれは彼ら自身に対する評価でもあるのだから。市が私たちの地区を取り壊し、高級化する計画を打ち出した。グレース教会は計画の停止を求めて市と争った。

私たちは夏のピクニックを楽しんだ。

私はまた、年配の黒人女性の背中を平手でぽんと叩く権利を獲得した。

評議会の一員である母親が赤ん坊を会議に連れて来ると、会議は寛容になった。赤ん坊の存在が対立を和らげてくれた。

教団からは各集会に対し、所定の書類を書くよう求めがあった。その年に何人洗礼を受けたか？　各日曜日の礼拝出席者の数は？　参加者のうち聖餐式にあずかれるメンバーは何人いたか？　その年、新たに何人加わったか？

さて、私は質問の多くに答えることはできたが、だれが礼拝に出て、そのメンバーがどんな人物であったかについて正確に説明はできなかった――というのも、教会のメンバーでない人々があまりに多く集っていたし、礼拝に集う人々に対し教会員であることを求めもしなかったから。私たちは特定の教団に属する特定の教会という以上の集まりだった。私たちは、愛に満ちた全能の主、父なる神の子どもたちだった。

第20章

私の過去は今どこにあるのだろう？　かつての私、もはや現在の私ではない私はどこに存在するのだろう？　どのような物事の中にあのころの精神は潜んでいるのだろう？　私が行ったことのすべて、かつて私を圧倒した感情は、どのクローゼットの中に仕分けされているのだろう？

私はいま六八歳。エバンスビルを去ったのは二十年前だ。

私の過去はどこにあるのだろう？　まだどこかに存在しているのだろうか？

そう思う。

それはまだリアルで、強い力を持っているだろうか？

そうだと思う。

私の過去はここにある、どこかへ行ってしまったのではなく。良かったことのすべて、あらゆる困難、それらは現在という表層の下に存在している。蒼い海面の下にいる魚のように。海が静まると、魚は再び浮かび上がってくる。

つい先ごろ、私はグレース教会を訪ねた。過去は数々の隠れた場所から私に襲いかかってきた。過去はずっとそこにあったのだ。窓や壁やその影など、部屋それ自身の中に。音やにおいの中に。あちらこちらの片隅に。色の中に。

私は礼拝堂の中にただぽつねんと佇（たたず）んでいる。部屋が暗くなって夜の闇が覆うにつれ、過去が雲のように現れてくるのを見つめながら。

私は婚礼の場にいる。厳粛な誓約が述べられ、喜びの笑い声があがる。喜びに満ちた人々は爽やかで、花のように匂いたつ。そして私は説教する。

私は葬儀の場にいる。嘆き悲しむ人々が列をなしてゆっくり行進している。それは棺を運ぶ長い行列で、棺の一つ一つを注意深くのぞきこめば、その人々の名前を言うことができる。時折、親戚たちが涙を拭っている。

また私の周囲で子どもたちが走り回っている。黒人も白人も、肌の色になど気づきもせずに。そして長衣を引っ張り、私に秘密を教え、私を愛し、私がハグすることを許してくれる。子どもたちの成長は早く、洗礼を授けた赤ん坊たちは私と同じくらいの背丈になって立っている。それは日曜日の朝、そして私は説教する。

これらは現実だ。私の過去は現実だ。

それは音楽の中に、聖歌隊の中に、キャロルの中にあり、私は目を大きく見開いて立っている。すべてのものが神の暗い神秘にうっとりする。その神は決してどこへも去って行ったりはなさらない。それはここに、私の心の中にある。

かつて様々な自分がいた。不注意で、生意気で、怯えていた。会衆が黒人特有の深い声で歌う間、私はひざまずく。会衆が「我々の膝の上で共にパンを裂こう」と歌う間、私は主のからだを分け与える。

「ウォルトとはだれだ？　彼はどこにいる？」

音楽の中に。この空気の中に。

彼は、彼自身の過去の数えきれない痕跡のすべてだ。

そして私は説教する。

あぁ、私は説教のためにどれほどの労を費やしただろう、訓練のための言葉で人々を傷つけはしないかと（あるいはまったく何の影響も及ぼさないのではないかと）恐れながら。人々に神の本質とキリストからの呼びかけについて教えるため、そして互いに赦し合うことを実践することがどうしても必要であると教えるために、私はどれほど努力しただろう――書くことで、語ることで、大声をあげることで、たとえを用いることで。

見よ。私は子どもだ。父親が枝を剪り揃えたクリスマスツリーのある部屋に入って来る。

私は学生で、自殺を考えている。

私は一人の男で、ヒエロニムスのラテン語聖書を翻訳し、彼を聖職者への道へと導いたガラテヤ人への手紙の聖句にたどり着く。

私は新婚者で、妻と教会から強風の中へと歩み出す。風は彼女のベールを船の帆のように頭上に吹き上げている。

私は父親で、子どもたちを育てている。

そして私は説教している。

私の過去は層をなしてそこにあり、荷負うことができないほどだ。しかし現在の私は過去の集積のうえに存在している。


私たちの齢(よわい)は七十年。

健やかであっても八十年……　（詩篇九〇・一〇）

グレース教会、おまえは私の心の中に存在するのではない。これからも決して。おまえは私の一部、私のすべての感覚の一部なのだ。永遠に刻印されたもの。永遠に愛すべきもの。永遠に私の過去そのもの。

二〇一二年九月六日　　ウォルター・ワンゲリン・ジュニア

「過去は永遠なる恵み」――一牧師の「告白録」

神戸ルーテル神学校教授　橋本昭夫

著者ウォルター・ワンゲリンはドイツ系聖職者家系の四代目の牧師である。ルター的敬虔の、牧師の子として信仰を自覚することなく過ごすが、なお幼少時から神の実在を問い、やがて自らの信仰の真実性への疑念にとつながっていく。教理問答の「神を畏れ、愛し、信じる」ということをそらんじながらも、自分の信仰が「言葉だけのもの」ではないのかとの懐疑の中、ヨハネの黙示録の「七番目の封印」のテキストが示す「神不在」感の闇に陥っていく。学位を求め、ティリッヒ、シェークスピア、ドストエフスキーなどの書を渉猟する過程で、著者はやがて、神の主権を侵害している自らを認識するようになる。そして、とある牧草地の羊の群れが、農夫の発する音に従い、連れ立って木々の間に消えていくその光景に、「羊になりたい」と口にする。それは牧者なる主イエスへの回心の経験であった。

学位も取得、さらに伴侶を見いだした著者は、インディアナ州の大学で教えるかたわら、その地にあるルーテル教会に集う。彼はそこの「ワッカー牧師」と説教内容を共に考える関係になる。やがて牧師は著者に牧師へ道を促す。文筆こそ自分の本分であると自覚していた著者は躊躇するが、それが「霊の導き」によることを知らされ、文筆・学位を断念し、その教会の副牧師となるべく手続きを始める。

折しも彼らの属する教団立の神学校で、歴史批評的聖書解釈に立つ教授たちが保守的な立場から批判され、やがて罷免されるようになり、そしてその影響が教団内の諸教会にまで及ぶ。教理を重視するルーテル教会ならではの「悲劇」であったろう。著者は、保守的な立場から提示されることの「神学的根拠が理解できない」とし、教団と袂を分かつようになる。

しかしこの悲劇は、著者を新しい道へと導く。著者は、紆余曲折を経て、かねてより交わりのあった黒人主体の「グレース・ルーテル教会」から招聘を受ける。躊躇と懸念の交錯するなか、それを召しと受けとめ、家族とともに教会に移り住む。スラム街の現実はときには著者を怯えさせさえする。しかしそこでの信徒たちの信仰、いのち溢れる魂からの讃美は著者に生きた信仰のリアリティを開示する。貧困の苦しみの中にある人々への牧会においては困難と失望が日常的なことであった、主イエスの愛が人々の心を溶かし神へと開かれていくのに励まされ、伝道牧会の働きが広がっていく。著者は「近隣の人々を愛し、その中で生活し、貧困の苦しみが実際どのようなものであるかを体験することが、私を十字架へと導いてくれた」と述懐する。そしてスラムに牧師として住んだことは、下ることではなく上ることだと知らされる。著者の経験は、神の民に仕える器は、また終生「前のものに向かって身を伸ば」そうとする（ピリピ三・一三）求道者であってこそ牧会者になるということを教えられる。

本書は、神を求め、人間の生（なま）の現実に直面しながら、信仰の真実を求めた求道の記録である。疑念、躊躇、憤り、無念、恐れなどが交錯するなか、御霊の導きのもとでの「過去」は、時の流れに消滅していくものではなく、著者は自身の存在とともに残る「永遠なる」恵みであるとの思いに導かれている。

訳文の読みやすさは言わずもがなで、信仰の初心へと導かれる書である。

＊聖書 新改訳2017©2017 新日本聖書刊行会

過去から永遠へ
——ワンゲリン自伝

2020年11月1日 発行

著　者　ウォルター・ワンゲリン
訳　者　内山　薫
印刷製本　日本ハイコム株式会社
発　行　いのちのことば社
〒164-0001 東京都中野区中野2-1-5
電話 03-5341-6922（編集）
03-5341-6920（営業）
FAX03-5341-6921
e-mail:support@wlpm.or.jp
http://www.wlpm.or.jp/

ISBN978-4-264-04230-3